金融機関役席者のための

高齢者応対

相続・事務手続の基本

金融機関事務リスク対策研究会　栗嶋 昭好 著

株式会社きんざい

まえがき

　最近のわが国の高齢化現象により、金融機関においても高齢顧客、判断能力に問題のある顧客が急速に増加する傾向にあります。また、当然ながら上記高齢化現象に伴い、相続事務の増加にも顕著なものがあります。

　これらの顧客に対する対応および事務処理等は、その取扱いを一歩間違うと金融機関が金銭的な損害を被るおそれ、あるいは信用の失墜を生じさせるおそれ、さらには金融機関に対する顧客の不信感の増大という事態も発生させかねません。このため、各金融機関においては、近年上記の事態に対する適切な対応方法、事務処理方法等も大きな課題となってきているのが現状です。

　本書は、金融機関の役席者、中堅の職員の方々を主な対象としています。そのため、あくまでも実務に即して、上記の「高齢顧客」「判断能力に問題のある顧客」および「相続事務」に対する対応、事務取扱い等を正確かつ迅速に行うための基本的な正しい知識を習得すること、またその結果として事務事故、顧客とのトラブル発生等を防止することを主たる目的として記述しています。

　その目的のため、次の①～②のとおり、上記の実務を行ううえで「身近で起こりうる具体的トラブル事例」および「金融機関職員として知っておくべき公的各種資料、書式、証明書等」について理解しやすいように特に詳しく記述、記載しています。

　その意図するところは、実際に発生する可能性の高いトラブル事例について正確かつ効果的な解決策を知ること、あるいは、日頃あまりみる機会がない公的各種資料、書式、証明書等を確認すること等の必要性を従来から切実に感じていたからです。

　①　第3章に金融機関営業店で発生する可能性の高い「高齢顧客」「判断能力に問題のある顧客」および「相続発生時の相続人等」に対する具体

的なトラブル事例を各10事例ずつ「トラブル事例集」として掲載し、それらトラブル事例の「問題点」および「対処方法」を解説しています。これらのトラブル事例およびその解説を前もって学んで理解しておくことにより、同様な事態が発生した場合、その解決のためおおいに参考になると思います。

② 公的各種資料、書式、証明書等の見本を「【巻末資料】公的各種資料、書式、証明書等見本一覧」に掲載しました。たとえば、「成年後見の登記事項証明書」「登記されていないことの証明書」「相続放棄申述受理証明書」「相続財産管理人選任審判書謄本」などの見本等を20種類以上掲載しています。

本書が金融実務になんらかのかたちで役立つものと確信しております。なお、本書に記載しました見解、意見等は筆者個人の見解、意見等ですので、各金融機関で実際に実施、実行等される場合は、担当部内での十分な検討およびリーガルチェック等を行われますようにお願いいたします。

なお、平成25年末に公表された日本証券業協会のガイドラインにより、高齢者に対する投資商品の勧誘・販売についての留意事項、規制、手続等が定められました。金融機関はこれらを遵守する必要があります。

本書につきましては、後見制度等を特にご専門とされている古笛恵子弁護士にご多忙のなか主に第1章について監修をいただきました。

また、高齢顧客、判断能力に問題のある顧客対策、相続事務等の実務に関してご造詣の深い埼玉縣信用金庫コンプライアンス統括部岡野正明様にもご指導、有益な助言等を多くいただきました。厚くお礼申し上げます。

さらに、本書を企画されました、㈱きんざい出版センター西野部長に深く感謝申し上げます。

平成26年3月

栗嶋　昭好

目　次

第1章　高齢顧客、判断能力に問題のある顧客との取引

Ⅰ　成年後見制度を利用していない認知症等の顧客との取引

1　認知症等の顧客に対する基本的な取組姿勢 ―――――――――― 2
　(1)　認知症等の顧客の判断基準 ――――――――――――――― 2
　(2)　認知症等の顧客の抽出、リストアップ ―――――――――― 3
　(3)　リストアップした認知症等の顧客が来店した場合の対応 ―― 4
2　成年後見制度を利用していない認知症等の顧客との具体的な取引方法 ―― 4
　(1)　職員による代筆の注意事項 ――――――――――――――― 5
　(2)　応接室で応対する際の注意事項 ――――――――――――― 7
　(3)　家族等への連絡 ―――――――――――――――――――― 7
　(4)　監視カメラによる撮影 ―――――――――――――――――― 7
　(5)　渉外係訪問先の認知症等の顧客への対応 ―――――――――― 8
　(6)　成年後見人等の届出の義務化 ――――――――――――――― 9
　(7)　少額預金の払戻しについての考え方 ―――――――――――― 10
3　社会福祉協議会による日常生活自立支援事業の利用 ―――――― 11
　(1)　社会福祉協議会とは ――――――――――――――――――― 11
　(2)　社会福祉協議会の日常生活自立支援事業とは ―――――――― 11
　(3)　社会福祉協議会が定めた日常生活自立支援事業の利用対象者 ―― 12
　(4)　金融機関、社会福祉協議会および顧客との契約 ――――――― 12
　(5)　代理対象とする預金の注意事項等 ―――――――――――――14
　(6)　預金の入金、払戻し時の注意事項等 ――――――――――――14
　(7)　犯罪収益移転防止法への対応 ―――――――――――――――15

Ⅱ 成年後見制度を利用している認知症等の顧客との取引（基本事項）

1 成年後見制度の基本的事項 16
  (1) 基本的な考え方 16
  (2) 民法による成年後見制度 16
  (3) 任意後見契約に関する法律による任意後見制度 17
2 成年後見制度の成立 18
  (1) 旧禁治産、準禁治産制度の問題点と成年後見制度への移行 ... 18
  (2) 禁治産、準禁治産が記載された戸籍の変更 19
3 成年後見制度の内容 21
4 成年後見制度の利用申立て、審判その他 22
  (1) 成年後見制度の利用申立可能者 22
  (2) 成年後見制度の利用申立手順 22
  (3) 成年後見制度の発足時からの申立件数 23
  (4) 成年後見制度利用の申立費用 24
  (5) 成年後見人（保佐、補助を含む）になっている人の内訳 ... 24
  (6) 成年後見開始の審判が出るまでの緊急策 24
5 成年被後見人等の資格制限 25
6 成年被後見人等の登記 25
  (1) 登記先 25
  (2) 東京法務局後見登録課 25
  (3) 登記事項証明書 26
  (4) 代理行為目録等 26
  (5) 同意行為目録 26
  (6) 登記事項証明書の交付請求 27
7 外国人の成年後見制度の利用 27
8 成年後見、保佐、補助の終了および変更 27
9 その他 28

Ⅲ 成年後見制度を利用している認知症等の顧客との取引（具体的な取引方法）

1 成年後見人との預金取引 ··· 29
   (1) 成年後見人との預金取引の基本事項 ····························· 29
   (2) 成年被後見人等の確認方法 ·· 30
   (3) 預金印鑑簿、預金名義の変更方法 ······························· 30
   (4) 成年後見人の権利、権限 ··· 31
   (5) 成年後見人が取消しできない行為 ······························· 32
   (6) 成年後見人の取消しの効果 ·· 32
   (7) 成年後見人と成年被後見人の利益相反行為 ··················· 32
   (8) 成年後見監督人の選任および権限 ······························· 32
2 保佐人、被保佐人との預金取引 ····································· 33
   (1) 保佐人、被保佐人との預金取引の基本事項 ··················· 33
   (2) 保佐人の同意を要する行為 ·· 34
   (3) 代理権付与の行為 ·· 35
   (4) 被保佐人等の確認方法 ·· 36
   (5) 預金印鑑簿、預金名義の変更方法 ······························· 36
   (6) 保佐人の権利、権限 ··· 38
   (7) 保佐人が取消しできない行為 ····································· 38
   (8) 保佐人の取消しの効果 ·· 38
   (9) 保佐人と被保佐人の利益相反行為 ······························· 39
   (10) 保佐監督人の選任および権限 ····································· 39
3 補助人、被補助人との預金取引 ····································· 39
   (1) 補助人、被補助人との預金取引の基本事項 ··················· 40
   (2) 補助人の同意を要する行為 ·· 40
   (3) 代理権付与の行為 ·· 41
   (4) 被補助人等の確認方法 ·· 41
   (5) 預金印鑑簿、預金名義の変更方法 ······························· 42
   (6) 補助人の権利、権限 ··· 43
   (7) 補助人が取消しできない行為 ····································· 44
   (8) 補助人の取消しの効果 ·· 44
   (9) 補助人と被補助人の利益相反行為 ······························· 44

(10)　補助監督人の選任および権限 ··· 44
4　任意後見人との預金取引 ··· 45
　　(1)　任意後見契約の基本事項 ··· 45
　　(2)　任意後見監督人の欠格事由 ··· 46
　　(3)　任意後見人との取引開始時期 ··· 46
　　(4)　代理権付与の行為 ·· 46
　　(5)　任意後見人との預金取引の基本事項 ································· 46
　　(6)　被後見人、任意後見人等の確認方法 ································· 47
　　(7)　預金印鑑簿、預金名義の変更方法 ····································· 47
　　(8)　任意後見人の権利、権限 ··· 48
　　(9)　任意後見人と被後見人の利益相反行為 ····························· 49
　　(10)　任意後見監督人の職務および権限 ····································· 49
　　(11)　任意後見制度を利用した場合の費用 ································· 50
5　制限行為能力者かどうかの確認方法および協同組織金融機関における
　　出資申込みの可否 ··· 50
　　(1)　顧客が制限行為能力者かどうかの確認方法 ····················· 50
　　(2)　協同組織金融機関における制限行為能力者からの出資申込み ······· 51

第2章　相続の手続

I　相続発生時の対応および留意点等

1　相続の開始 ··· 54
　　(1)　取引先の死亡を知るケースと注意事項 ····························· 54
　　(2)　僚店取引の確認、相続人への説明 ····································· 56
　　(3)　死亡届の徴求、作成 ·· 56
　　(4)　取引の停止 ·· 56
　　(5)　死亡の事実の再確認 ·· 58
2　相続人等からの徴求書類等の一覧表の作成 ··························· 59

3 相続人から各種証明書等の交付依頼があった場合の対応 59
  (1) 残高証明書の発行依頼 59
  (2) 取引履歴の交付依頼 61
  (3) 相続終了後の依頼 61
  (4) 預金の入出金伝票、録画したビデオ映像の内容確認依頼 62
4 相続関係書類の使用印鑑 62
  (1) 相続人の場合 62
  (2) 相続人以外の場合 63
5 金融機関が関係する相続 63
  (1) 預金の相続 63
  (2) 融資の相続 66
  (3) 協同組織金融機関の出資金の相続 67
  (4) 貸金庫の相続 68
  (5) 投資信託・国債の相続 69

Ⅱ 相続手続時における全般的な注意事項

1 相続手続全般 71
  (1) 各相続人の法定相続分、遺留分 71
  (2) 法定相続分、遺留分の注意事項 72
  (3) 相続の放棄 75
  (4) 相続の限定承認 75
  (5) 寄与分 76
2 相続財産に含まれるもの、含まれないもの 77
3 相続人に関する注意事項 78
  (1) 未成年の子がいる場合 78
  (2) 不在者（行方不明者）がいる場合 80
  (3) 長期間行方不明で生死も不明の者がいる場合 81
  (4) 成年被後見人、被保佐人、被補助人、任意後見契約の本人がいる場合 81
  (5) 養子がいる場合 82
  (6) 廃除者、相続欠格者、相続放棄者がいる場合 83
  (7) 胎児がいる場合 86

(8) 外国に居住する相続人がいる場合 ································· 87
　　(9) 暴力団員等の反社会的勢力の構成員等がいる場合 ················ 88
4 外国人の相続 ··· 90
　　(1) 本国法の適用 ··· 90
　　(2) 外国籍住民への住民票の作成 ··································· 91
　　(3) 主な国籍別の取扱い ··· 92
5 戸籍に関する事項 ··· 93
　　(1) 戸籍制度の歴史 ··· 94
　　(2) 戸籍の作成 ··· 95
　　(3) 戸籍の記載事項 ··· 96
　　(4) 除籍（謄本） ··· 97
　　(5) 相続の場合に徴求する戸籍謄本、除籍謄本 ······················ 97
6 各種資料、書類等の原本による確認 ···································· 99

Ⅲ 具体的な相続手続

1 相続人が1名の場合の手続 ·· 101
2 遺産分割協議前の法定相続人等全員への払戻し ························ 102
　　(1) 確認事項 ·· 102
　　(2) 包括的預金払戻請求への参加者 ································ 102
　　(3) 具体的な処理 ·· 103
　　(4) 払い戻した預金の取扱い ······································ 103
3 遺産分割協議書による手続 ·· 103
　　(1) 確認事項 ·· 104
　　(2) 遺産分割協議への参加者 ······································ 104
　　(3) 具体的な処理 ·· 104
　　(4) 遺産分割協議が無効となった場合 ······························ 105
4 遺言書による手続 ·· 106
　　(1) 遺言書の有無の確認 ·· 106
　　(2) 遺言の種類、家庭裁判所による検認、形式の確認 ················ 107
　　(3) 遺言執行者がいない場合の手続 ································ 109
　　(4) 遺言執行者がいる場合の手続 ·································· 111
　　(5) 遺言、遺言書に関する注意点 ·································· 113

5　相続人不存在の場合の手続 ……………………………………………………………115
　(1)　法的な取扱い ………………………………………………………………………115
　(2)　金融機関における手続 ……………………………………………………………116
6　限定承認があった場合の手続 …………………………………………………………116
　(1)　限定承認の意義、効果 ……………………………………………………………116
　(2)　限定承認の申立方法 ………………………………………………………………117
　(3)　金融機関における手続 ……………………………………………………………117
7　預金の相続人を確定（確認）できない場合の手続 …………………………………118
　(1)　相続人を確定できないケース ……………………………………………………118
　(2)　金融機関における手続 ……………………………………………………………119
8　家庭裁判所の調停、または審判による場合の手続 …………………………………120
　(1)　調停、審判の効力 …………………………………………………………………120
　(2)　金融機関における手続 ……………………………………………………………121
9　少額の相続預金の特例による相続手続 ………………………………………………121
　(1)　相続人の全員を確認しなくてもよい理由 ………………………………………121
　(2)　特例による相続手続の対象者および確認 ………………………………………122
　(3)　どの程度の金額までを少額というか ……………………………………………123
　(4)　死亡の事実の確認方法 ……………………………………………………………123
　(5)　取扱いを不可とする場合 …………………………………………………………123
　(6)　葬儀費用の名目で払戻しできるか ………………………………………………123
10　葬儀費用の払戻請求があった場合の手続 ……………………………………………124
　(1)　基本的な考え方 ……………………………………………………………………124
　(2)　払戻し時の注意点 …………………………………………………………………125
　(3)　払戻限度額 …………………………………………………………………………126
11　遺産分割協議が整わない時点で共同相続人のなかの1名から自分の法定相続分の預金の払戻請求があった場合の対応 ………………………………………126
　(1)　相続財産の共有 ……………………………………………………………………127
　(2)　金融機関が払戻請求を受理しない理由 …………………………………………127
　(3)　預金の払戻しを行う場合 …………………………………………………………127
12　その他の注意事項 ………………………………………………………………………128
　(1)　振込み等があった場合 ……………………………………………………………128
　(2)　自動振替、定期的振込口座である場合 …………………………………………129
　(3)　総合口座の貸越金が発生している場合 …………………………………………130

(4)　便宜扱い処理の未整理がある場合 130
　(5)　相続預金に対する喪失届 130
13　相続関係書類の保管 132

第3章　トラブル事例集

I　認知症等の顧客

ケース1　認知症等の顧客との取引 134
ケース2　認知症等の顧客の家族との取引 137
ケース3　老人ホーム等への入所顧客の代理人との取引 140
ケース4　渉外係担当の認知症等の顧客の息子からの申出 142
ケース5　高齢で認知症気味の顧客からの預金担保借入れの申込み 146
ケース6　預金者の長男の妻からの苦情 149
ケース7　委任状の真贋 152
ケース8　振り込め詐欺の疑い 154
ケース9　来店しなくなった高齢女性顧客 156
ケース10　高齢女性顧客への窓口係の何げない一言 158

II　相　続

ケース1　被相続人の取引有無の確認 160
ケース2　相続人の確認 162
ケース3　真の預金者と名乗る者からの定期預金解約の申出 164
ケース4　本人以外への支払い 166
ケース5　特別縁故者からの申出 168
ケース6　葬儀費用の支払い 171
ケース7　他人名義の預金 173
ケース8　相続手続終了後の対応 175

ケース9　貸金庫 177
　　ケース10　相続の届けの設定 179

【巻末資料】公的各種資料、書式、証明書等見本一覧

1　高齢顧客、判断能力に問題のある顧客との取引
　① 代理取扱依頼書（兼代理人届）（見本・社会福祉協議会用） 182
　② 登記事項証明書（後見） 183
　③ 登記事項証明書（保佐） 184
　④ 登記事項証明書（補助）、代理行為目録、同意行為目録 186
　⑤ 成年後見制度に関する届出書（例）（平成17年全銀協通達・2種類）... 190
　⑥ 成年後見（保佐・補助）に関する審判書抄本（平成17年全銀協通達・
　　　審判書謄本から理由部分の記載を省略した銀行届出用抄本） 192
　⑦ 登記事項証明書（任意後見）、代理権目録 193
　⑧ 身分証明書 195
　⑨ 登記されていないことの証明書 196

2　相続の手続
　① 未成年の子と親権者の利益相反行為の「特別代理人選任審判謄本」
　　　（見本） 197
　② 不在者財産管理人選任審判書謄本（相続人のうち行方不明者がいる
　　　とき） 198
　③ 相続放棄申述受理証明書 199
　④ 特別永住者証明書 200
　⑤ 在留カード 200
　⑥ 改製原戸籍謄本（部分） 201
　⑦ 平成6年式戸籍謄本 202
　⑧ 除籍謄本（部分・2種類） 204
　⑨ 戸籍の附票 206
　⑩ 戸籍謄本を交付できない旨の告知書（東京都中央区の例） 207
　⑪ 自筆証書遺言書の「検認済証明書」（見本） 208
　⑫ 遺言公正証書謄本（遺言執行者あり） 209
　⑬ 相続財産管理人選任審判書謄本 214

第1章
高齢顧客、判断能力に問題のある顧客との取引

　本章では、今後ますます確実に増加する「高齢顧客を主とした判断能力に問題のある顧客」（以下、「認知症等の顧客」といいます）について成年後見制度（任意後見制度を含みます。特別に区別している場合を除き、以下同じです）を利用していない顧客と利用している顧客とに区分して、認知症等の顧客への対応方法、成年後見制度の知識の習得および事務取扱方法等を記述します。

　成年後見制度とは、精神障害等により判断能力が不十分である成年者を保護するための制度で、法定後見制度（成年後見、保佐、補助の3種類があります）と任意後見制度に区分されます。未成年者は含みません。判断能力とは単独で有効な法律行為を完全に行うことができる能力、いわゆる事理弁識能力をいいます。

　また、意思能力とは、法律上自分の行為の性質や結果を正しく認識し、この認識に基づいて正しい判断ができる能力のことをいいます。意思能力を欠く者が行った法律行為（たとえば、金銭消費貸借契約、遺言、委任、売買契約等）は無効となります。

第1章 高齢顧客、判断能力に問題のある顧客との取引	第2章 相続の手続	第3章 トラブル事例集

I. 成年後見制度を利用していない認知症等の顧客との取引

　認知症等の顧客のなかで成年後見制度を利用している顧客はごく少数であり、大部分は、成年後見制度を利用していない顧客であると考えられます。

　成年後見制度を利用していない認知症等の顧客は、意思能力、判断能力等を十分保有していないうえ、後見人等がいないために往々にして金融機関との取引でトラブルが発生することが少なくありません。こうした場合、次のような基本的な取組姿勢、取引方法、注意すべき事項等があげられます。

（注）　成年後見制度の利用状況は後記「Ⅱ2(2)　禁治産、準禁治産が記載された戸籍の変更　②【参考】〔成年後見制度利用、申立状況〕」（19ページ）を参照してください。

1　認知症等の顧客に対する基本的な取組姿勢

　標記の顧客に対する基本的な取組姿勢等としては、まず認知症等の顧客の状況を把握する必要があります。その方法は、次のとおりです。

(1)　認知症等の顧客の判断基準

　金融機関が顧客に「認知症等の可能性」がある、と判断する基準として、次のような行動、状態、態度等があげられます。

　①　伝票に記入する日付、口座番号、氏名等をしばしば間違える。
　②　預金の払戻請求書等に押印する届出印をしばしば間違える。
　③　預金通帳、印章、キャッシュカード等の紛失、盗難の申出を繰り返し行う。また、それらの紛失状況等の説明を求めても、あやふやであり筋道を立てた説明ができず、会話が成り立たない。

④ 来店するたびに同じ話を何回も繰り返し、本人はそれに気づいていない。また、話す言葉が明瞭ではない。
⑤ 自分の預金から誰かが勝手に現金を引き出した、盗まれたなどと言い出す。
⑥ 前回の来店時に約束したことを、まったく忘れてしまっている。
⑦ 金融機関の説明でそのときは納得したはずなのに、何日か経って再び問合せに来店する。
⑧ 気分にむらがあり、時々暴言を吐き、精神的に不安定な状態となる。
⑨ 簡単な足し算、引き算等の計算ができない。
⑩ 自分がいまいる場所、いまの時間がわからなくなる。
⑪ その他、常識では考えられない行動をとる。

(2) **認知症等の顧客の抽出、リストアップ**

認知症等の顧客の抽出およびリストアップの方法は、次のとおりです。
① 前記「(1) 認知症等の顧客の判断基準」に基づき、窓口係等は主に高齢の来店客の状況、態度等に日頃から注意を払い、認知症等の顧客を抽出します。
② 上記①により抽出した来店客をリストアップ（下記【認知症等の顧客のリスト】を参考にしてください。これはあくまで参考です）します。
③ 作成、記録等されたリストに基づき、窓口係、預金係、出納係等の常時顧客と接触する機会の多い職員全員に、対象となる認知症等の顧客氏名を周知させます。

第1章 高齢顧客、判断能力に問題のある顧客との取引	第2章 相続の手続	第3章 トラブル事例集

【認知症等の顧客のリスト】

年月日	顧客住所・氏名	CIF	取引内容	認知症等顧客と判断した理由	受付	役席	備考
				～以下略～			

(3) リストアップした認知症等の顧客が来店した場合の対応

　リストアップした認知症等の顧客が来店した場合の対応方法は、次のとおりです。

① 窓口係等はすみやかに役席（店長、次長、預金課の責任者。以下同じです）に連絡します。

② 連絡を受けた役席は、該当者の行動を常に注視します。

③ 預金通帳、キャッシュカード類の紛失、預金の入金、払戻し等の申出があった場合、あるいは窓口係と来店客の意思の疎通が不十分と役席が判断したような場合は、窓口係にかわり役席が認知症等の顧客との応対を行います。

④ 取引記録、録画したビデオ映像の保管を確実に行います。

2　成年後見制度を利用していない認知症等の顧客との具体的な取引方法

　標記顧客に対する取引方法は、成年後見制度のような明確な取引基準、方法等が法規等により定められていないため、金融機関は自己責任によりその

取扱いの可否を判断せざるをえずトラブルの可能性も多くなります。

(1) 職員による代筆の注意事項

　前記「1(1)　認知症等の顧客の判断基準」（2ページ）に基づいて判断能力があると判断した認知症等の顧客に対して、やむをえず預金払戻請求書等を職員が代筆する必要性が生じた場合の取扱いは、次のとおりです。

　ただし、顧客の判断能力がまったくないと判断した場合は、この取扱いは行うべきではありません。また、可能な限り後記「(3)　家族等への連絡」（7ページ）のとおり家族等に同行していただき家族等に代筆を依頼すべきです。

　なお、判断能力があるとの判断は、慎重に行います。

① 本人および判断能力の有無の確認を複数の職員で行い代筆が必要な事情を役付（係長、主任等の役のついた職員。以下同じです）が認知症等の顧客から十分聴取し、必ず役席の承認を受けた役付が代筆を行います。押印は、できるだけ本人に行っていただきます。

② 上記①の際は、役席に指示された職員が立ち会い、その際監視カメラによる撮影、録画も忘れずに行います。

③ 預金払戻請求書等には代筆の事情、時刻、監視カメラ番号等、本人確認方法等を記載し、本人および判断能力の有無の確認者、代筆者（役付）、立会人の確認印および役席の承認印を押印します。

④ 上記③の記入方法は、次の【代筆した預金払戻請求書・部分】（見本）を参考にしてください。

　なお、本書中の顧客氏名、同居の親族氏名、その他関係者等すべての氏名は、あくまでも文章をわかりやすくするための便宜的な呼称であり、実在の氏名とはまったく関係ありません。

（注）　親族とは6親等内の血族、配偶者、3親等内の姻族を指します（民法725条）。

第1章 高齢顧客、判断能力に問題のある顧客との取引	第2章 相続の手続	第3章 トラブル事例集

【代筆した預金払戻請求書・部分】(見本)

普通預金払戻請求書

次の金額を私の口座からお支払いください。

店番	0	1	2	口座番号	0	1	2	3	4	5	6

金額の頭部に¥記号をご記入ください。

		億	千万	百万	十万	万	千	百	十	円
金額						¥	5	0	0	0	0

日付　平成2×年　2月22日

おなまえ　お届印

　　　　甲　野　太　郎　　㊞

本人は手が震えて筆記不能のため役付○○○○代筆。
午後2時15分　○○番監視カメラによる撮影済み
　本人確認方法（　　　　　　　）
　本人および判断能力の有無の確認者㊞㊞　代筆者（役付）㊞　立会人㊞
　承認　役席㊞

～以下略～

(注1)　上記「本人確認方法」のカッコ内には本人確認手段(熟知先、運転免許証、健康保険証等)を記入します。また、書類で確認した場合は顧客の了解をとり、そのコピーを普通預金払戻請求書に添付します。
(注2)　録画したビデオ映像は内規に基づき厳重に保管します。

(2) 応接室で応対する際の注意事項

　認知症等の顧客を応接室に通して事務処理を行う必要がある場合、必ず複数の職員（職員のうちの1名は役付の職員とします）が立ち会います。

　これは、応接室という密室において認知症等の顧客と職員が一対一になった場合、後日になっての顧客本人、家族からの申出、問合せについて正確な事実関係が証明できにくくなること、事実関係が不明確になることを防止するためです。

　また、万一、顧客が認知症気味であることに乗じて職員が不正を行ったと疑われることのないよう、職員の相互監視により不祥事の発生を防止する目的もあります。応接室に監視カメラが設置されている場合は、当然録画を行い録画したビデオ映像を厳重に保管します。

(3) 家族等への連絡

　認知症等の顧客の家族等（同居の親族が望ましい）に連絡し、できるだけ同行のうえ来店していただき家族等に代筆等していただく方法もあります。ただし、独り暮らしの場合や家族全員が日中は会社勤め等で在宅していないなどのケースも多いと思われます。夜間は家族が在宅しているような場合は、夜間に訪問し、事情を説明のうえ家族とともに対策を検討する必要もあります。

(4) 監視カメラによる撮影

　前記「(1)　職員による代筆の注意事項」（5ページ）、「(2)　応接室で応対する際の注意事項」でも触れたように、認知症等の顧客の状況（特に、入出金を伴う場合の状況）は、監視カメラがある場合は忘れずに撮影し、録画したビデオ映像を一定期間（少なくとも、1年間）保管しておくことが必要です。

第1章 高齢顧客、判断能力に問題のある顧客との取引	第2章 相続の手続	第3章 トラブル事例集

　なお、窓口係と顧客が応接するカウンター付近を撮影できる監視カメラは必ず必要です。取引について認知症等の顧客からクレームがあった場合、それを録画したビデオ映像により取引内容を確認できるうえ、家族の立ち会いのもとで本人に確認してもらうことも可能です。ただし、録画したビデオ映像（顧客等の映像）は内部資料なので、顧客に開示する場合はその内容、方法について本部の承認を得ます。

　さらには、後記「第2章Ⅰ3(4)　預金の入出金伝票、録画したビデオ映像の内容確認依頼」(62ページ) を参照してください。

参　考

　監視カメラによる顧客の状況等の撮影、録画以外に「秘密録音」という方法があります。

　これは顧客の了解を得ずに超小型の録音機を使用して顧客と金融機関職員との会話、やりとり等を録音しておくものです。録音は万一、後日、顧客からクレームがあった場合の強力な証拠となりますが、秘密録音は社会のコンセンサスを得たものとは言いがたい面もあります。また、顧客が秘密録音されていることに気づいた場合は、一挙に金融機関との信頼関係が崩壊する可能性が大であるといえます。このため、秘密録音は今後の課題として検討する必要があります。

　なお、上記とは逆に顧客が金融機関職員との会話を秘密録音している場合があるので、顧客との対応は常に言葉に細心の注意を払って話す心がけをもつことが必要です。

(5) 渉外係訪問先の認知症等の顧客への対応

　渉外係の訪問先に認知症等の顧客がいる場合は、渉外係は必ず家族の立ち会いのもとで預金の新規契約、解約、入出金、現金届け、その他すべての取引を行います。その顧客が独り暮らしの場合は、渉外係単独ではなく、渉外責任者等が同行訪問し、取引状況を複数人で確認します。

　渉外係による預り現金、預金の満期解約金の着服等の不祥事が発生する可

能性が高いのがこの種の取引先ですので、顧客の意思能力、判断能力があるかを十分注意する必要があります。

> **参考**
>
> 最近では渉外係にGPS機能（現在どこにいるかを正確に知ることができる機能）のついた携帯電話を貸与している金融機関もあります。渉外係の不祥事の発生防止、事故防止の観点からおおいに有効のようです。

(6) 成年後見人等の届出の義務化

金融機関においては、預金規定等に成年後見人等の届出の義務を定めています。この定めは、預金者について後見等の開始、任意後見監督人の選任等がなされたときは、成年後見人等あるいは任意後見人等の氏名その他必要事項を金融機関に届けること、この届出前に生じた損害については金融機関は責任を負わない旨を明記しています。

このため、金融機関が家庭裁判所の審判を受けた成年被後見人等と単独で取引していた場合でも、金融機関にその旨の届出がなかった場合には、成年後見人等から取引の取消しの申出、損害賠償の申出等があっても応じないことが可能（責任を負わない）になります。

> **参考**
>
> 預金共通規定（例）
> 第Ｘ条（成年後見人等の届出）
> (1) 家庭裁判所の審判により、補助・保佐・後見が開始された場合には、直ちに書面によって成年後見人等の氏名その他必要な事項を届け出てください。
> (2) 家庭裁判所の審判により、任意後見監督人の選任がなされた場合には、直ちに書面によって任意後見人の氏名その他必要な事項を届け出てください。
> (3) すでに補助・保佐・後見開始の審判を受けている場合、または任意後見

監督人の選任がなされている場合にも、前２項と同様に、直ちに書面によって届け出てください。
(4) 前３項の届出事項に取消しまたは変更等が生じた場合にも同様に、直ちに書面によって届け出てください。
(5) 前４項の届出の前に生じた損害については、当社（金庫、組合等）は責任を負いません。

(7) 少額預金の払戻しについての考え方

　成年後見制度を利用している顧客が預金口座から少額の現金を払い戻す場合、「日用品の購入その他日常生活に関する行為」であると金融機関が判断できたときは通常の顧客と同様な注意で（単独で）支払いに応じるケースもあるようです。

　それは、民法９条ただし書きを根拠としていますが、預金の払戻しに関して金額的にいくらくらいまでが「日用品の購入その他日常生活に関する行為」なのかについては、明確な判断基準はない（預金者の生活レベル、家族数等によっても異なります）ので金融機関は預金者ごとにその金額を決める必要があります。また、成年後見制度を利用していない（または、利用しているか不明の）認知症等の顧客が日常の家事に関して（自己の生活費に充てるため等）預金口座から少額の現金を払い戻す場合（民法761条）も同様です。実務上は負担が大きくなり取り扱う場合は十分な注意が必要です。

　なお、民法９条ただし書きの「日常生活に関する行為」と民法761条の「日常の家事に関して」を同趣旨と解する見解もあります。しかし、民法761条は、夫婦の連帯責任が生ずる範囲に関する規定であって、民法９条ただし書きとは趣旨が異なるので、その範囲も異なると解するのが一般的です。

> **根拠法令**
>
> 【民法9条ほか】
> 　成年被後見人の法律行為は、取り消すことができる。ただし、日用品の購入その他日常生活に関する行為については、この限りでない。
> 【民法761条】
> 　夫婦の一方が日常の家事に関して第三者と法律行為をしたときは、他の一方は、これによって生じた債務について、連帯してその責任を負う。ただし、第三者に対し責任を負わない旨を予告した場合は、この限りでない。

3　社会福祉協議会による日常生活自立支援事業の利用

　社会福祉法人社会福祉協議会が行っている日常生活自立支援事業については、金融機関が成年後見制度を利用していない認知症等の顧客に対する取引の一つの手段として、この制度を有効に利用することが事務事故等の発生防止に役立つと考えます。その利用方法は、次のとおりです

(1)　社会福祉協議会とは

　社会福祉協議会とは、民間の社会福祉活動を推進することを目的とした、営利を目的としない民間組織です。社会福祉法に基づき設置されており、社会福祉法人となっています。全国社会福祉協議会、都道府県社会福祉協議会、市区町村社会福祉協議会があります。

(2)　社会福祉協議会の日常生活自立支援事業とは

　社会福祉協議会の日常生活自立支援事業とは、都道府県社会福祉協議会が市区町村の社会福祉協議会に委託して行う福祉サービス利用援助事業です（社会福祉法81条・109条）。判断能力が十分ではない方の権利擁護に資することを目的とし、成年後見制度を補完するための事業です。金融機関に関係のある援助内容には、次のものがあります。

① 日常的金銭管理サービス

顧客本人が金融機関に行けない場合、顧客にかわり金融機関での預金の入出金、税金・公共料金・社会保険料の払込み等を行うサービスです。ただし、定期性預金の解約等は日常的金銭管理ではないので、原則として行いません。

② 書類等の預りサービス

預金通帳・預金証書、印章の預り等のサービスです。

なお、不動産の管理・売買、養護施設への入所契約等の重大な援助行為は行っていません。また、上記①、②の利用は原則として有料で、各社会福祉協議会によって異なります。

(3) 社会福祉協議会が定めた日常生活自立支援事業の利用対象者

認知症高齢者、知的障害者、精神障害者などで判断能力が不十分な方が該当します。ただし、当該契約をすることができる判断能力（自分が受ける支援の内容、支援料金等を理解できる能力）を有する方という制限があります。

具体的には、社会福祉協議会との間で日常生活自立支援事業の利用契約を締結した方で、成年後見制度の成年被後見人、被保佐人、被補助人、任意後見契約の本人および平成12年3月まで取り扱われていた禁治産者、準禁治産者に該当しない方となっています。

なお、一部の市区町村社会福祉協議会は、適切な法定後見人がいない場合、成年後見人、保佐人、補助人を法人として引き受ける法人後見事業も行っています。

(4) 金融機関、社会福祉協議会および顧客との契約

顧客本人が単独で来店できず（社会福祉協議会の職員等が本人に付き添って一緒に来店する場合は除きます）、社会福祉協議会の職員等が顧客にかわり金融機関での預金の入出金を行う場合には、「代理取扱依頼書（兼代理人届）（見

本・社会福祉協議会用)」(以下、「代理人届」といいます。182ページ)を徴求します。

なお、「代理人届」の内容は、社会福祉協議会と金融機関が協議のうえ定めますが、社会福祉協議会が作成した「代理人届」または金融機関が作成した「代理人届」を使用する場合もあります。「代理人届」の記入と実際の取引に関する注意点は、次のとおりです。

① 使用印鑑は、次のとおりとします。
　　ⅰ．預金者は預金取引印を使用します。
　　ⅱ．社会福祉協議会は法人実印を使用し、法人の登記簿謄本および印鑑証明書を添付します。なお、社会福祉法人は、理事が代表します。ただし、定款で代表権を制限することができます（社会福祉法38条）。
　　ⅲ．代理人使用印鑑は、社会福祉協議会が申し出た印鑑を使用します。
② 代理取引の対象とする預金は、社会福祉協議会と預金者との間で交わされた利用契約書（名称は各社会福祉協議会により異なります）に記載されている預金を転記します。また、利用契約書は社会福祉協議会および預金者の了解をとりコピーして保管します。

　なお、日常生活自立支援事業の性格から入出金等は要求性預金に限定し、原則として定期性預金は代理取引の対象とする預金とはしていません。また、定期性預金を代理取引の対象としていた場合は、金融機関はそれを除くべきでしょう。
③ 直接来店し、入金、払戻し等を行う社会福祉協議会の職員（専門員、生活支援員）の名前を登録します。
④ 本件については、金融機関にいっさい迷惑をかけない旨の損害担保文言および変更時、契約終了時等にはすみやかに書面により届け出る旨を記載します。

　なお、老人ホーム等との間で「代理人届」を締結する場合も基本的に

は同じ内容、形態の契約となります。

(5) 代理対象とする預金の注意事項等

代理対象とする預金に対する注意事項等は、次のとおりです。
① 他金融機関取引、僚店取引、キャッシュカード利用は不可とします。
② 預金印鑑簿、預金通帳等には代理人名を追記します。預金印鑑簿には代理人使用印鑑を押印します。

預金印鑑簿記載例

山田一郎　代理人　社会福祉法人△△社会福祉協議会　理事□□　㊞（代理人使用印鑑）

③ 社会福祉協議会との協議により、1回（1日、1カ月）当りの払戻限度額を設けることもあります。ただし、この場合は、そのための手続、処理等が複雑となります。

(6) 預金の入金、払戻し時の注意事項等

代理取引の対象とする預金の入金、払戻し時における手続、注意事項等は次のとおりです。
① 入金の場合
　　入金の場合は通常の預金と同様な処理とします。

入金票の記入方法

山田一郎　代理人　社会福祉法人△△社会福祉協議会

② 払戻しの場合
　ⅰ．預金の入金、払戻しを取り扱う社会福祉協議会の職員の身分証明書

の写し（写真付きでない場合は、運転免許証等をもあわせて）を事前に徴求しておき、来店時に来店者と照合します。
ⅱ．来店者が預金払戻請求書に預金者名、代理人名等を記入し、代理人使用印の押印および来店者の署名を行います。

預金払戻請求書の記入方法

山田一郎　代理人　社会福祉法人△△社会福祉協議会　理事□□　㊞（代理人使用印鑑）　来店者署名

（7）犯罪収益移転防止法への対応

犯罪による収益の移転防止に関する法律（犯罪収益移転防止法・平成25年4月1日改正法施行）により、取引時に①本人特定事項（氏名、住居および生年月日）、②取引を行う目的、③職業の取引時確認事項の確認が必要とされました。

取引時確認が必要な取引（「特定取引」といいます）は、①口座の開設など取引開始時、②200万円を超える大口現金の受払取引、③10万円を超える現金振込みなどの取引となります。

代理人が行う入金や払戻しが特定取引に該当（200万円超のとき）したときは、代理人の本人特定事項に加え、取引目的、顧客本人の職業の確認を求めなければならないので注意が必要です。

| 第1章 高齢顧客、判断能力に問題のある顧客との取引 | 第2章 相続の手続 | 第3章 トラブル事例集 |

II 成年後見制度を利用している認知症等の顧客との取引（基本事項）

　成年後見制度を利用している認知症等の顧客と取引を行う場合に、金融機関職員として知っておかなければならない成年後見制度に関する基本的知識については、次の事項があげられます。

1　成年後見制度の基本的事項

　成年後見制度の基本的事項（趣旨等）は、次のとおりです。

(1)　基本的な考え方

　成年後見制度に基づく事務手続を正確に行うには、成年後見制度に関する法令（民法、任意後見契約に関する法律等）を正しく理解し、その定めに従った事務を行わなければなりません。

　認知症等の顧客が成年後見制度の制限行為能力者であることが判明した場合は、代理権者、または同意権者の権限を正しく把握して事務処理を行うことが重要です。

　なお、制限行為能力者には、上記以外に未成年者も該当します（民法5条）が、本書の趣旨ではないので必要以外は触れません。

(2)　民法による成年後見制度

　民法は、判断能力（単独で有効な法律行為を完全に行うことができる能力、いわゆる事理弁識能力をいいます）が不十分である者を保護するため、従来から

あった禁治産制度を廃止し、平成12年4月から新しい制度を設けています。それが「成年後見制度」です。同制度には成年後見、保佐、補助の3制度があります。

制限行為能力者（成年被後見人、被保佐人、被補助人）が行った法律行為（その範囲は制限行為能力者によって異なります）は、日用品の購入その他日常生活に関する行為を除き、それぞれ成年後見人、保佐人、補助人により取り消すことができます（民法9条・13条4項・17条4項）。被保佐人、被補助人は、保佐人、補助人の同意を得れば取り消すことができませんが、成年被後見人は成年後見人の同意を得てなされた場合でも、なお取り消すことができます。後記「3　成年後見制度の内容【成年後見・保佐・補助および任意後見の内容一覧表】」（21ページ）を参照してください。

取り消された法律行為は、初めから無効であったとみなされますが、制限行為能力者は現に利益を受けている限度で返還の義務を負います（民法121条）。

取り消すことができる法律行為の相手方が確定している場合は、その取消しは相手方に対する意思表示によって行います（民法123条）。

(3)　任意後見契約に関する法律による任意後見制度

民法により定められた成年後見制度以外に、平成12年4月に施行された任意後見契約に関する法律により定められた「任意後見制度」があります。

この制度は、本人が将来事理を弁識する能力が不十分となった場合に、任意後見人に委託した事務についてのみ代理権を付与するという委任契約（任意後見契約）を結ぶ制度です。本制度の任意後見人には取消権がありません。この点が取消権のある成年後見制度の成年後見人等とは大きく異なるところです。

なお、任意後見契約は家庭裁判所が任意後見監督人を選任したときに契約の効力が生じます。詳細は後記「Ⅲ 4(3)　任意後見人との取引開始時期」（46

ページ）を参照してください。

2　成年後見制度の成立

旧禁治産、準禁治産制度から成年後見制度への移行の経緯および利用状況は、次のとおりです。

(1)　旧禁治産、準禁治産制度の問題点と成年後見制度への移行

制限行為能力者に対する、禁治産、準禁治産制度から成年後見制度へ移行した経緯、事情等は、次のとおりです。

① 禁治産、準禁治産制度は、それらの宣告を受けると戸籍に記載されたり、これらの名称が差別的（自己の財産の保存や管理、処分を禁止された者）である等により利用が限られ、国民の間に制度が浸透していたとはいえませんでした。

② 禁治産、準禁治産制度下では、成年後見制度の被補助人に該当する軽度の精神障害については準禁治産の適用ができませんでした。

③ 禁治産、準禁治産制度下では浪費者、身体が不自由（聾・唖・盲）な

【禁治産、準禁治産制度と成年後見制度の比較表】

	禁治産、準禁治産制度	成年後見制度
適用期間	平成12年3月31日まで	平成12年4月1日から現在
呼　　称	禁治産	成年後見
	準禁治産	保　佐
	なし	補　助
		任意後見
根拠法令	民　法	任意後見契約に関する法律
記載、登記	市区町村戸籍に記載	法務局の登記簿に登記
対象者の廃止・新設	浪費者　身体が不自由な方（準禁治産者）(注)	廃　止
	なし	軽度の精神障害者（被補助人）

（注）　身体が不自由（聾・唖・盲）な方を準禁治産者とする制度は、昭和54年の民法改正により廃止されました。

方を準禁治産者とすることが可能でしたが、これは成年後見制度下では廃止されました。

　禁治産、準禁治産制度と成年後見制度を比較すると、前ページ【禁治産、準禁治産制度と成年後見制度の比較表】のとおりとなります。

(2) 禁治産、準禁治産が記載された戸籍の変更

標記の戸籍の変更が行われるケースは、次のとおりです。

① 禁治産、準禁治産が記載された戸籍については、新たに法務局に成年後見、保佐の登記の申請があった場合、法務局から成年被後見人、被保佐人の本籍地の市区町村に通知されるので、通知された市区町村は、この法務局からの通知に基づいて禁治産、準禁治産の記載がない新しい戸籍を作成します。

　成年後見、保佐の登記の申請がない場合は、その戸籍には禁治産、準禁治産の記載が依然として残ってしまいます。

② 従来の禁治産者、準禁治産者は、成年後見制度実施時（平成12年4月）から、上記①の登記の申請がなくとも禁治産者は成年被後見人とみなされ、準禁治産者は被保佐人とみなされます。

　ただし、準禁治産者のうち浪費者、身体が不自由（聾・唖・盲）の理由による方は、前記「(1) 旧禁治産、準禁治産制度の問題点と成年後見制度への移行　③」の理由により成年後見制度下では被保佐人に変更できません。このため、その戸籍には準禁治産の記載が依然として残ります。

参　考

〔成年後見制度利用、申立状況〕
① 成年後見制度申立件数（平成24年1月～12月。最高裁判所各種資料より）
　・後見開始の審判の申立件数　　　　28,472件　（前年は、25,905件）

Ⅱ　成年後見制度を利用している認知症等の顧客との取引（基本事項）

第1章 高齢顧客、判断能力に問題のある顧客との取引	第2章 相続の手続	第3章 トラブル事例集

・保佐開始の審判の申立件数　　　　　4,268件　（前年は、3,708件）
・補助開始の審判の申立件数　　　　　1,264件　（前年は、1,144件）
・任意後見監督人選任の審判の申立件数　685件　（前年は、645件）
・総申立件数　　　　　　　　　　　34,689件　（前年は、31,402件）
・総申立件数　前年比　　　　　　　　110.5%

② 審理期間（終局事件総数34,220件を対象。四捨五入の関係で100%となりません）
・1カ月以内　54.1%　　・5カ月以内　2.0%
・2カ月以内　26.4%　　・6カ月以内　1.1%
・3カ月以内　10.3%　　・6カ月超　　1.7%
・4カ月以内　4.5%

③ 申立人と本人との関係（終局事件を対象。主なもののみ。1件につき複数の申立人があるので終局事件総数より多くなります）
・子　　　　12,383件　・配偶者　　2,424件
・兄弟姉妹　4,791件　・本人　　　2,672件
・市区町村長　4,543件

④ 申立ての動機（終局事件を対象。主なもののみ。複数の動機があるので終局事件総数より多くなります）
・預貯金等の管理・解約　　　　　　　27,620件
・介護保険契約（施設入所等のため）　11,508件
・身上監護　　　　　　　　　　　　　8,226件
・不動産の処分　　　　　　　　　　　6,456件
・相続手続　　　　　　　　　　　　　6,091件

⑤ 成年後見人等と本人との関係（終局事件を対象。主なもののみ。任意後見人を除きます。1件につき複数の成年後見人等があるので認容で終局した事件総数（30,893件とは一致しません）
・子　　　　　8,158件　・兄弟姉妹　2,315件
・司法書士　　6,382件　・配偶者　　1,401件
・弁護士　　　4,613件　・親　　　　1,198件
・社会福祉士　3,119件

3 成年後見制度の内容

　成年後見・保佐・補助および任意後見についての詳しい内容は下記の【成年後見・保佐・補助および任意後見の内容一覧表】のとおりです。

【成年後見・保佐・補助および任意後見の内容一覧表】

	成年後見	保佐	補助	任意後見
対象者および名称	精神上の障害により事理を弁識する能力を欠く常況にある者（7条） 成年被後見人（8条）	精神上の障害により事理を弁識する能力が著しく不十分である者（11条） 被保佐人（12条）	精神上の障害により事理を弁識する能力が不十分である者（15条①） 被補助人（16条）	任意後見契約（委任契約）の締結能力がある者（任2条1） 本人（任意後見契約の委任者）（任2条2）
申立可能者	本人、配偶者、4親等内の親族、後見人、保佐人、補助人、検察官等（7条・11条・15条①）、市町村長（老人福祉法32条等）			本人、配偶者、4親等内の親族、任意後見受任者（任4条①）
代理権の範囲	すべての財産に関する法律行為（859条①）	特定の法律行為（876条の4①）審判によって	特定の法律行為（876条の9①）審判によって	委任契約で定めた範囲（任2条1）
審判の本人の同意	不要（7条）	不要（11条）	要（15条②）	原則要（任4条①、同条③）
同意権、取消権の範囲	日用品の購入その他日常生活に関する行為以外（9条）	民法13条①、②に定められた行為（13条④）	特定の法律行為（17条①・13条①に規定する行為の一部に限る）	取消権はありません
後見人等名称	成年後見人（8条）	保佐人（12条）	補助人（16条）	任意後見人（任2条4）
監督人	成年後見監督人（849条）	保佐監督人（876条の3①）	補助監督人（876条の8①）	任意後見監督人（任4条①）

（注1）　一覧表中の法律名がない条文は「民法」です。また、「任」は「任意後見契約に関する法律」です。
（注2）　成年後見監督人、保佐監督人、補助監督人は、必要に応じて家庭裁判所により選

任されます（民法849条・876条の3第1項・876条の8第1項）。
(注3) 任意後見契約は、任意後見監督人が選任された時からその効力を生じます（任意後見契約に関する法律2条1号）。
(注4) 申立可能人物のなかの配偶者には内縁の妻（または夫）は含まれません。
(注5) 被保佐人が保佐人の同意を得なければならない行為は、後記「Ⅲ2(2) 保佐人の同意を要する行為」（34ページ）のとおりです。
(注6) 被補助人が補助人の同意を得なければならない行為は、民法13条1項に定める行為の一部に限ります。後記「Ⅲ3(2) 補助人の同意を要する行為」（40ページ）を参照してください。

4 成年後見制度の利用申立て、審判その他

成年後見制度において申立ての可能な者、その手順およびその他の利用関係事項は、次のとおりです。

(1) 成年後見制度の利用申立可能者

前ページ「3 成年後見制度の内容」の【成年後見・保佐・補助および任意後見の内容一覧表】のとおりです。

(2) 成年後見制度の利用申立手順

成年後見制度の利用申立手順は、次のとおりです（さいたま家庭裁判所の「成年後見申立ての手引」を参考としました）。

```
申立て準備
必要書類の準備を行います。
```
↓
```
成年後見制度利用の申立て
準備した必要書類を管轄の裁判所に持参または郵送します。
↓
申立て
```
↓

```
調査                                    鑑定
申立人調査（面接）                      医師による精神鑑定の
成年後見人／保佐人／補助人候補者調査（面接） → 実施（補助の場合はあ
本人調査（面接）                        りません）。
親族への照会（書面照会等）
```
↓   ↓

成年後見／保佐／補助開始の審判
ⅰ　成年後見／保佐／補助開始
ⅱ　成年後見人／保佐人／補助人の選任（あわせて監督人を選任することもあ
　　ります）。

↓　　成年後見人／保佐人／補助人に審判が告知されてから2週間
審判の確定　←この時点で正式な成年後見人／保佐人／補助人になります。
↓　　審判とは家庭裁判所が出す判断で判決の一種です。その内容が記載され
　　　た書面を審判書といいます。
登記　東京法務局にて後見登記がなされます。この手続は審判から1カ月程
　　　度かかります。
↓　　請求による登記事項証明書、代理行為目録、同意行為目録等の発行
財産目録の作成、裁判所への提出
↓
家庭裁判所による成年後見／保佐／補助監督の開始

（注）　家庭裁判所の審理期間は、申立て後4カ月以内が多いという実態があります。

(3) 成年後見制度の発足時からの申立件数

　平成12年から成年後見制度が開始され、以後10年間に約17万人が利用しています。

　最近の（平成24年9月6日付）厚生労働省の推計によると、「日常生活自立度Ⅱ」以上の65歳以上の認知症高齢者は、平成22年280万人（65歳以上の人口の9.5％）、平成24年305万人（同9.9％）となり、その後、平成27年345万人（同10.2％）、平成32年410万人（同11.3％）、平成37年470万人（同12.8％）と推定していますので申立件数の増加が予想されます。

> **参 考**
>
> 認知症高齢者の日常生活自立度Ⅱとは、日常生活に支障をきたすような症状・行動や意思疎通の困難さが多少みられても、誰かが注意していれば自立できる状態をいいます。

(4) 成年後見制度利用の申立費用

収入印紙代金、医師の精神鑑定費用（被補助人を除きます）、戸籍謄本の徴求費用、その他の費用が必要です。弁護士等に依頼した場合は、その費用も必要です。

(5) 成年後見人（保佐、補助を含む）になっている人の内訳

成年後見人等は、親族、弁護士、司法書士、社会福祉士等が大多数を占め、ひとりの成年被後見人等について2名以上でも、法人でも就任することは可能で、それぞれの者が成年被後見人等に対して善管注意義務を負っています。

なお、善管注意義務とは、民法644条に規定する「善良な管理者の注意をもって委任事務を処理する義務」をいい、成年被後見人等に損害を与えれば、注意義務違反があったとして責任を追及されることになります。

(6) 成年後見開始の審判が出るまでの緊急策

成年後見開始の審判の申立てがあった場合、成年被後見人となるべき者の財産の管理のため必要があるときは、家庭裁判所は申立てによりまたは職権で成年後見開始の申立ての審判が効力を生ずるまでの間、財産の管理者を選任し、成年被後見人となるべき者の財産の管理に関する事項を指示することができます（家事事件手続法126条1項）。

5 成年被後見人等の資格制限

成年被後見人等が喪失する権利、資格は、次のとおりです。

① 成年被後見人

印鑑登録の権利、弁護士、医師、会社役員等の専門的資格。

(注) 従来は選挙権、被選挙権がありませんでしたが、平成25年5月、成年被後見人の選挙権の回復等のため「公職選挙法等の一部を改正する法律」が成立、公布されました（平成25年6月30日施行）。これにより、平成25年7月1日以後に公示・告示される選挙について、成年被後見人は選挙権、被選挙権を有することとなります。

② 被保佐人

弁護士、医師、会社役員等の専門的資格。

③ 被補助人、任意後見契約の本人

資格制限はありません。

6 成年被後見人等の登記

成年被後見人等の登記に関する基本的な事項は、次のとおりです。

(1) 登記先

成年被後見人、被保佐人、被補助人および任意後見契約の本人は戸籍には記載されず法務局に登記されます。

(2) 東京法務局後見登録課

全国の成年後見登記事務を行います。

成年後見開始の審判があった場合は家庭裁判所からの、任意後見契約の公正証書の作成があった場合は公証人からの嘱託により登記します。

(3) 登記事項証明書

「登記事項証明書」(183～187・193ページ)は、成年後見人等が成年被後見人等の預金の払戻し等を行う場合に金融機関に提示し、成年後見人等の代理権(保佐人、補助人の場合は同意権も含みます)の内容を確認してもらう際に利用します。登記事項証明書には、次の事項が記載されています。

① 成年後見等開始の審判確定日
② 成年被後見人等、成年後見人等、成年後見監督人等(いる場合)あるいは任意後見契約の本人、任意後見人、任意後見監督人等の氏名・住所等
③ 登記年月日、登記番号、証明文言、証明番号等
④ 法務局登記官の氏名、公印の押印

(4) 代理行為目録等

保佐人や補助人に特定の法律行為について代理権を付与した場合、あるいは任意後見人に代理を委任した事務について記載されています。登記事項証明書(別紙目録)の「代理行為目録」(188ページ)として発行されます。任意後見の場合は「代理権目録」(194ページ)といいます。

ただし、成年後見人の場合は成年被後見人のすべての財産に関する法律行為に代理権がある(民法859条1項)ので代理行為目録は発行されません。

(5) 同意行為目録

保佐人に民法13条1項の定め以外の法律行為について同意権を付与した場合、あるいは補助人の同意を要する特定の法律行為について記載されています。登記事項証明書(別紙目録)の「同意行為目録」(189ページ)として発行されます。

(6) 登記事項証明書の交付請求

　登記事項証明書の交付請求は最寄りの法務局へ行います。請求可能な者は、本人、成年（任意）後見人等、成年（任意）後見監督人等、配偶者、4親等内の親族等です。代理権、同意権が登記されている場合は、代理行為目録、代理権目録、同意行為目録も登記事項証明書とともに交付されます。

7　外国人の成年後見制度の利用

　外国人であっても「日本に住所若しくは居所を有するとき」は、日本法により後見開始の審判等をすることができます（法の適用に関する通則法5条）。

8　成年後見、保佐、補助の終了および変更

　成年後見、保佐、補助は、次の事由が生じた場合に終了するか、または変更されます。
　① 　終了する場合
　　　成年被後見人、任意後見契約の本人、被保佐人、被補助人が死亡した場合
　② 　家庭裁判所への申立てにより変更される場合
　　ⅰ．成年被後見人
　　　　成年被後見人の精神上の障害が軽くなった（被保佐人、被補助人へ変更）、あるいは精神上の障害がなくなった（制限行為能力者ではなくなった）場合
　　ⅱ．被保佐人
　　　　被保佐人の精神上の障害が軽くなった（被補助人へ変更）、あるいは精神上の障害がなくなった（制限行為能力者ではなくなった）場合。逆

| 第1章 高齢顧客、判断能力に問題のある顧客との取引 | 第2章 相続の手続 | 第3章 トラブル事例集 |

に精神上の障害が重くなった（成年被後見人へ変更）場合
ⅲ．被補助人

被補助人の精神上の障害がなくなった（制限行為能力者ではなくなった）場合。逆に精神上の障害が重くなった（被保佐人、成年被後見人へ変更）場合

9 その他

　成年後見制度を利用している認知症等の顧客の精神上の障害が重くなった場合、金融機関は「被補助人→被保佐人→成年被後見人」への変更がないか等について常時注意する必要があります。

　また、精神上の障害が軽くなった場合、「成年被後見人→被保佐人→被補助人→精神上の障害なし」への変更がないか等についても常時注意する必要があります。職員がみて、明らかに前ページ「8　成年後見、保佐、補助の終了および変更　②」に該当すると思われる場合は、成年後見人等から変更等の届出がなくても事情を聴取する必要があります。

III 成年後見制度を利用している 認知症等の顧客との取引 (具体的な取引方法)

　認知症等の顧客が、成年後見制度の制限行為能力者のうちのどれに該当するかによって、代理人を必要とする場合、同意を必要とする場合があります。そして金融機関もそれに応じて、代理人を相手に取引する場合と本人の取引に同意権者の同意を必要とする場合が生じ、取扱いもそれぞれ異なります。

　認知症等の顧客が成年被後見人、被保佐人、被補助人あるいは任意後見契約の本人になった場合、それぞれの預金取引の方法は次のように考えられます。

1　成年後見人との預金取引

　顧客が成年被後見人となった場合には、成年後見人を相手方として、次のように預金の取引を行います。

(1) 成年後見人との預金取引の基本事項

① 顧客が成年被後見人となった旨の届出があった場合、金融機関は成年後見人を成年被後見人の代理人として以後のすべての預金取引を行います。成年被後見人との直接的な取引はできません。

② 成年被後見人が直接金融機関と行った預金取引は、成年後見人から取り消される可能性がありますので、成年後見制度（成年後見）利用の届出があった場合は、その旨を登録し、成年後見人とのみ取引するようにします。

また、預金印鑑簿、預金通帳への表示により、預金者が制限行為能力者であることがわかるようにします（後記(3)「預金印鑑簿、預金名簿の変更方法」参照）。

③　CIF（預金）に「成年被後見人の預金口座」のコードを設定します。

(2) 成年被後見人等の確認方法

顧客が成年被後見人となった旨の届出があった場合には、次の書類により確認します。

①　「成年後見制度に関する届出書（平成17年全国銀行協会通達より）」（190・191ページ。2種類あります）と「登記事項証明書」（183ページ）により、成年被後見人、成年後見人等を確認します。また、登記されている成年被後見人が自店の顧客に間違いないことも確認します。なお、成年後見人等は、印鑑証明書、実印、運転免許証等による本人確認をも行います。

②　家庭裁判所の審判を受けてから登記されるまでの間は、「成年後見制度に関する届出書」（190・191ページ）と「成年後見に関する審判書抄本」（平成17年全国銀行協会通達により、「審判書謄本から理由部分の記載を省略した銀行届出用抄本」）（192ページ）および「確定証明書」を徴求し、確認します。その後、登記が完了したら、「登記事項証明書」（183ページ）の提出を受けます。

(3) 預金印鑑簿、預金名義の変更方法

預金印鑑簿、預金名義の変更方法は金融機関により異なりますが、一般的な取扱いは、次のとおりです。

なお、すべての預金の解約の申出が成年後見人からあった場合は、下記①の手続を省略する場合もあります。その場合の預金解約請求書への署名等は下記③と同一です。

また、成年被後見人の預金口座がいくつかの金融機関に開設されている場

合は、複数の預金口座を一本化するため他の預金口座を解約することがあります。
① 成年後見人から新たに預金印鑑簿を徴求します。なお、成年後見人の住所、氏名、印鑑等を別紙に徴求して従来の預金印鑑簿をそのまま使用する金融機関もあります。
② 預金名義は、次のとおりとします。
「成年被後見人○○　代理人　成年後見人××」
③ 預金印鑑簿、預金払戻請求書の署名等は、次のとおりとします。
「成年被後見人○○　代理人　成年後見人××㊞」
④ 預金の入金票は、次のとおり記入します。
「成年被後見人○○　代理人　成年後見人××」
⑤ 上記①〜④の手続の場合、「成年被後見人」の表示を行わないケースもあります。
⑥ 成年被後見人名義の発行ずみであるキャッシュカードは回収します。キャッシュカードは成年後見人以外の者が使用する可能性がある等の理由により、新たには発行・利用を認めていない金融機関が多いようです。
⑦ 金融機関からの通知（預金の満期案内等）は、成年後見人宛てに行います。

(4) 成年後見人の権利、権限

成年後見人がもつ成年被後見人の行為に対する権利、権限は、次のとおりです。
① 成年被後見人の法律行為は、日用品の購入その他日常生活に関する行為を除き取消権があります（民法9条）。
② 一身専属的なもの（婚姻、遺言、養子縁組等）を除き代理権があります。

第1章 高齢顧客、判断能力に問題のある顧客との取引	第2章 相続の手続	第3章 トラブル事例集

> **参 考**
>
> 　成年後見人が、成年被後見人の居住用不動産を売却、賃貸、賃貸借の解除、または抵当権の設定その他これらに準ずる処分をする場合は、家庭裁判所の「居住用不動産処分許可」が必要です。金融機関としては、居住用不動産について抵当権等を設定する場合に注意が必要です（民法859条の３）。

(5) 成年後見人が取消しできない行為

　成年被後見人が、行為能力者であることを信じさせるため詐術を用いたときは、その行為を取り消すことはできません（民法21条）。

(6) 成年後見人の取消しの効果

　成年後見人が取り消した行為は、初めから無効であったものとみなします。ただし、成年被後見人はその行為によって現に利益を受けている限度において、返還の義務を負います（民法121条）。

(7) 成年後見人と成年被後見人の利益相反行為

　成年後見人と成年被後見人との利益が相反する場合（利益相反行為）、成年後見人は特別代理人を選任することを家庭裁判所に請求しなければなりません。ただし、成年後見監督人がある場合は成年後見監督人が権限を行使します（民法860条）。特別代理人は、「特別代理人選任審判書」により確認します。

(8) 成年後見監督人の選任および権限

　家庭裁判所は、必要があると認めるときは、成年被後見人、その親族もしくは成年後見人の請求により、または職権で成年後見監督人を選任することができます（民法849条）。

① 成年後見監督人の権限（職務）は、次のとおりです（民法851条）。
　ⅰ．成年後見人の事務を監督すること。
　ⅱ．成年後見人が欠けた場合に、遅滞なくその選任を家庭裁判所に請求すること。
　ⅲ．急迫の事情がある場合に、必要な処分をすること。
　ⅳ．成年後見人と成年被後見人との利益が相反する行為について成年被後見人を代表すること。
② 成年後見人が成年被後見人にかわって民法13条1項各号に揚げる行為を行う場合、成年後見監督人があるときは、その同意を得なければなりません。ただし、同項1号に掲げる「元本の領収」を除きます（民法864条）。また、成年後見監督人の登記は、登記事項証明書（183ページ）に行われているので参照してください。

2　保佐人、被保佐人との預金取引

　顧客が被保佐人となった場合には、保佐人、被保佐人を相手方として、次のように預金の取引を行います。

(1) 保佐人、被保佐人との預金取引の基本事項

① 顧客が被保佐人となった旨の届出があった場合、金融機関は保佐人を被保佐人の代理人として、あるいは保佐人の同意を得て以後のすべての預金の取引を行います。被保佐人との直接的な取引はできません。
② 金融機関は、被保佐人の金融機関との取引行為において、保佐人が代理人となって行う行為なのか、あるいは保佐人の同意を要する行為なのかを登記事項証明書等により確認します。
③ 被保佐人が直接金融機関と行った預金取引は、保佐人から取り消される可能性がありますので、成年後見制度（保佐）利用の届出があった場

合は、その旨を登録し、保佐人の権限に応じて取引するようにします。

また、預金印鑑簿、預金通帳への表示により、預金者が制限行為能力者であることがわかるようにします（後記(5)「預金印鑑簿、預金名義の変更方法」36ページ参照）。

④ CIF（預金）に「被保佐人の預金口座」のコードを設定します。

(2) 保佐人の同意を要する行為

被保佐人が保佐人の同意を要する行為は、下記の【民法13条1項による保佐人の同意を要する行為】のとおりで、⇒の右側が各条文に該当する金融機関における取引内容です。

ただし、日用品の購入その他日常生活に関する行為を除きます。また、民法13条1項各号により定められた行為以外についても、保佐人の同意を要する旨の審判を受けられます（民法13条2項）。

なお、保佐人に民法13条1項各号の定め以外の行為について同意権が付与された場合、登記事項証明書（別紙目録）の「同意行為目録」が発行されますが、金融機関との取引は民法13条1項各号のなかにすべて含まれるので直接の関係はありません。

民法13条1項による保佐人の同意を要する行為

1 元金を領収し、又は利用すること。
　⇒預金の払戻し、投資信託、債券等の払戻し（償還）等を受けること。
2 借財又は保証をすること。
　⇒融資を受けること、保証行為を行う（保証人となる）こと。
3 不動産その他重要な財産に関する権利の得喪を目的とする行為をすること。
　⇒被保佐人の不動産、預金等に（根）抵当権、質権等の担保権の設定を行うこと。
4 訴訟行為をすること。

5 贈与、和解又は仲裁合意〔仲裁法(平成15年法律第138号)第2条第1項に規定する仲裁合意をいう〕をすること。
6 相続の承認若しくは放棄又は遺産の分割をすること。
　⇒相続に関する手続を行うこと。
7 贈与の申込みを拒絶し、遺贈を放棄し、負担付贈与の申込みを承諾し、又は負担付遺贈を承認すること。
(注1) 遺贈とは、遺言によって無償で第三者(受遺者といいます)に財産を与えることで、民法986～1003条に規定されています。なお、遺贈は、遺言者の死亡以前に受遺者が死亡したときは、その効力を生じません(民法994条1項)。
(注2) 負担付贈与とは、財産を贈与する条件として負担(債務の弁済等)を負うものです。
⑧ 新築、改築、増築又は大修繕をすること。
⑨ 第602条に定める期間を超える賃貸借をすること。
　⇒貸金庫契約等を行うこと。
(注) 民法602条に定める期間とは、次のとおりです。
　　① 樹木の栽植又は伐採を目的とする山林の賃貸借　10年
　　② 前号に掲げる賃貸借以外の土地の賃貸借　5年
　　③ 建物の賃貸借　3年
　　④ 動産の賃貸借　6カ月

(3) 代理権付与の行為

被保佐人は、「特定の法律行為」について保佐人に代理権を付与する旨の審判を受けられます(民法876条の4第1項)ので、申出のあった行為がその代理権の対象になっているか、注意しなければなりません。

代理権が付与されている取引を行う場合は、登記事項証明書(別紙目録)の「代理行為目録」により代理権の内容に金融機関取引が含まれていることを確認し、前記「1　成年後見人との預金取引」(29ページ)に準じて保佐人を相手方として取引を行います。

(4) 被保佐人等の確認方法

　顧客が被保佐人となった旨の届出があった場合には、次の書類により確認します。

① 「成年後見制度に関する届出書」(190・191ページ)と「登記事項証明書」(184ページ)により、被保佐人、保佐人等を確認します。また、登記されている被保佐人が自店の顧客に間違いないことも確認します。なお、保佐人等は、印鑑証明書、実印、運転免許証等による本人確認をも行います。

② 家庭裁判所の審判を受けてから登記されるまでの間は、「成年後見制度に関する届出書」と「保佐に関する審判書抄本」(平成17年全国銀行協会通達により、「審判書謄本から理由部分の記載を省略した銀行届出用抄本」)(192ページ)および「確定証明書」を徴求し、確認します。その後、登記が完了したら、「登記事項証明書」(184ページ)および「登記事項証明書（別紙目録）」の「同意行為目録」「代理行為目録」(どちらもある場合)の提出を受けます。

(5) 預金印鑑簿、預金名義の変更方法

　預金印鑑簿、預金名義の変更方法は金融機関により異なりますが、一般的な取扱いは、次のとおりです。

　なお、すべての預金の解約の申出が保佐人等からあった場合、下記①「ⅰ」および②「ⅰ」の手続を省略する場合もあります。その場合の預金解約請求書への署名等は下記①「ⅲ」(代理権がある場合)、または下記②「ⅲ」(同意権がある場合)と同一です。

　また、被保佐人の預金口座がいくつかの金融機関に開設されている場合は、複数の預金口座を一本化するため他の預金口座を解約することがあります。

① 預金の取引に代理権がある場合
　代理権は被保佐人の同意が必要（民法876条の4第2項）です。
　ⅰ．保佐人から新たに預金印鑑簿を徴求します。なお、保佐人の住所、氏名、印鑑等を別紙に徴求して従来の預金印鑑簿をそのまま使用する金融機関もあります。
　ⅱ．預金名義は、次のとおりとします。
　　「被保佐人○○　代理人　保佐人××」
　ⅲ．預金印鑑簿、預金払戻請求書の署名等は、次のとおりとします。
　　「被保佐人○○　代理人　保佐人××㊞」
　ⅳ．預金の入金票は、次のとおり記入します。ただし、原則として預金の入金は被保佐人が単独で行えるので、代理人名は必ずしも必要ではありません。
　　「被保佐人○○　代理人　保佐人××」
　ⅴ．上記「ⅰ」～「ⅳ」の手続の場合、「被保佐人」の表示を行わないケースもあります。
　ⅵ．被保佐人名義の発行ずみであるキャッシュカードは回収します。キャッシュカードは保佐人以外の者が使用する可能性がある等の理由により、新たには発行・利用を認めていない金融機関が多いようです。
　ⅶ．金融機関からの通知（預金の満期案内等）は、保佐人宛てに行います。
② 預金の取引に同意権がある場合（なお、①との相違点は太字の部分です）
　ⅰ．保佐人から新たに預金印鑑簿を徴求します。なお、保佐人の住所、氏名、印鑑等を別紙に徴求して従来の預金印鑑簿をそのまま使用する金融機関もあります（①ⅰと同じ内容）。
　ⅱ．預金名義は、次のとおりとします。
　　「被保佐人○○　**同意者**　保佐人××」
　ⅲ．預金印鑑簿、預金払戻請求書の署名等は、次のとおりとします。

「被保佐人○○㊞　同意者　保佐人××㊞」

iv. 預金の入金票は、次のとおり記入します。ただし、原則として預金の入金は被保佐人が単独で行えるので、同意人名は必ずしも必要ではありません。

「被保佐人○○　同意者　保佐人××」

v. 上記「ⅰ」～「ⅳ」の手続の場合、「被保佐人」の表示を行わないケースもあります。

vi. 被保佐人名義の発行ずみであるキャッシュカードは回収し、払戻し時に保佐人の同意が確認できないので、新たには発行しません。

vii. 金融機関からの通知（預金の満期案内等）は、被保佐人宛てに行います。

(6) 保佐人の権利、権限

保佐人がもつ被保佐人の行為に対する権利、権限は、次のとおりです。

① 保佐人の同意を得なければならない被保佐人の法律行為は、日用品の購入その他日常生活に関する行為を除き取消権があります（民法13条1項・4項）。

② 代理権が付与されている特定の法律行為については代理権があります（民法876条の4第1項）。

(7) 保佐人が取消しできない行為

被保佐人が、行為能力者であることを信じさせるため詐術を用いたときは、その行為を取り消すことはできません（民法21条）。

(8) 保佐人の取消しの効果

保佐人が取り消した行為は、初めから無効であったものとみなします。ただし、被保佐人はその行為によって現に利益を受けている限度において、返

還の義務を負います（民法121条）。

⑼ 保佐人と被保佐人の利益相反行為

　保佐人と被保佐人との利益が相反する場合（利益相反行為）、保佐人は臨時保佐人を選任することを家庭裁判所に請求しなければなりません。ただし、保佐監督人がある場合は保佐監督人が権限を行使します（民法876条の2第3項）。臨時保佐人は「臨時保佐人選任審判書」により確認します。

⑽ 保佐監督人の選任および権限

　家庭裁判所は、必要があると認めるときは、被保佐人、その親族もしくは保佐人の請求により、または職権で保佐監督人を選任することができます（民法876条の3第1項）。

　保佐監督人の権限（職務）は、次のとおりです（民法876条の3第2項）。
① 保佐人の事務を監督すること。
② 保佐人が欠けた場合に、遅滞なくその選任を家庭裁判所に請求すること。
③ 急迫の事情がある場合に、必要な処分をすること。
④ 保佐人と被保佐人との利益が相反する行為について被保佐人を代表し、または被保佐人がこれをすることに同意すること。

　保佐監督人の登記は、登記事項証明書（184・185ページ）に行われているので参照してください。

3　補助人、被補助人との預金取引

　顧客が被補助人となった場合には、補助人、被補助人を相手方として、次のように預金の取引を行います。

第1章 高齢顧客、判断能力に問題のある顧客との取引	第2章 相続の手続	第3章 トラブル事例集

(1) 補助人、被補助人との預金取引の基本事項

① 顧客が被補助人となった旨の届出があった場合、被補助人が「特定の法律行為」を行うときは補助人の同意が必要です。
② 上記①の「特定の法律行為」の一部について代理権が付与される場合があるので注意が必要です。
③ 金融機関は、被補助人の金融機関との取引行為において、補助人の同意、あるいは代理を要する「特定の法律行為」のなかに金融機関取引(預金の払戻し、振込み、定期預金の書替え・解約、融資等)が含まれているかを登記事項証明書等により確認します。
④ 「特定の法律行為」に金融機関取引が含まれている場合、被補助人が直接金融機関と行った預金取引は、補助人から取り消される可能性がありますので、成年後見制度(補助)利用の届出があった場合は、その旨を登録し、補助人の権限に応じて取引するようにします。
　また、預金印鑑簿、預金通帳への表示により、預金者が制限行為能力者であることがわかるようにします(後記(5)「預金印鑑簿、預金名義の変更方法」42ページ参照)。
⑤ CIF(預金)に「被補助人の預金口座」のコードを設定します。

(2) 補助人の同意を要する行為

　被補助人が補助人の同意を要する行為は、民法13条1項のなかから申し立てた「特定の法律行為」のみとなっています。当然、日用品の購入その他日常生活に関する行為を除きます。

　登記事項証明書(別紙目録)の「同意行為目録」(189ページ)により同意権の内容に金融機関取引が含まれていることを確認します。

　また、被保佐人は、民法13条1項により定められた行為以外についても保佐人の同意を要する旨の審判を受けられます(民法13条2項)が、被補助人は、

民法13条１項により定められた行為の一部のみに限られます（民法17条１項）。

(3) 代理権付与の行為

　被補助人は、「特定の法律行為」について補助人に代理権を付与する旨の審判を受けられます（民法876条の９第１項）ので、申出のあった行為がその代理権の対象になっているか、注意しなければなりません。

　代理権が付与されている取引を行う場合は、登記事項証明書（別紙目録）の「代理行為目録」（188ページ）により代理権の内容に金融機関取引が含まれていることを確認し、前記「１　成年後見人との預金取引」（29ページ）に準じて補助人を相手方として取引を行います。

(4) 被補助人等の確認方法

　顧客が被補助人となった旨の届出があった場合には、次の書類により確認します。

① 「成年後見制度に関する届出書」（190・191ページ）と「登記事項証明書」（186ページ）により、被補助人、補助人等を確認します。また、登記されている被補助人が自店の顧客に間違いないことも確認します。なお、補助人等は、印鑑証明書、実印、運転免許証等による本人確認をも行います。

② 家庭裁判所の審判を受けてから登記されるまでの間は、「成年後見制度に関する届出書」と「補助に関する審判書抄本」（平成17年全国銀行協会通達により、「審判書謄本から理由部分の記載を省略した銀行届出用抄本」）（192ページ）および「確定証明書」を徴求し、確認します。その後、登記が完了したら、「登記事項証明書」（186ページ）および「登記事項証明書」（別紙目録）の「同意行為目録」（189ページ）、「代理行為目録」（188ページ）（ある場合）の提出を受けます。

(5) 預金印鑑簿、預金名義の変更方法

　預金印鑑簿、預金名義の変更方法は金融機関により異なりますが、一般的な取扱いは、次のとおりです。

　なお、すべての預金の解約の申出が補助人等からあった場合は、下記①「ⅰ」および②「ⅰ」の手続を省略する場合もあります。その場合の預金解約請求書への署名等は下記①「ⅲ」（代理権がある場合）、または下記②「ⅲ」（同意権がある場合）と同一です。

　また、被補助人の預金口座がいくつかの金融機関に開設されている場合は、複数の預金口座を一本化するため他の預金口座を解約することがあります。

① 預金の取引に代理権がある場合

　代理権は被補助人の同意が必要（民法876条の9第2項）です。

ⅰ．補助人から新たに預金印鑑簿を徴求します。なお、補助人の住所、氏名、印鑑等を別紙に徴求して従来の預金印鑑簿をそのまま使用する金融機関もあります。

ⅱ．預金名義は、次のとおりとします。

　「被補助人○○　代理人　補助人××」

ⅲ．預金印鑑簿、預金払戻請求書の署名等は、次のとおりとします。

　「被補助人○○　代理人　補助人××㊞」

ⅳ．預金の入金票は、次のとおり記入します。ただし、原則として預金の入金は被補助人が単独で行えるので、代理人名は必ずしも必要ではありません。

　「被補助人○○　代理人　補助人××」

ⅴ．上記「ⅰ」～「ⅳ」の手続の場合、「被補助人」の表示を行わないケースもあります。

ⅵ．被補助人名義の発行ずみであるキャッシュカードは回収します。キャッシュカードは補助人以外の者が使用する可能性がある等の理由

により、新たには発行・利用を認めていない金融機関が多いようです。
  vii. 金融機関からの通知（預金の満期案内等）は、補助人宛てに行います。
② 預金の取引に同意権がある場合（なお、①との相違点は太字の部分です）
  i. 補助人から新たに預金印鑑簿を徴求します。なお、補助人の住所、氏名、印鑑等を別紙に徴求して従来の預金印鑑簿をそのまま使用する金融機関もあります（①ⅰと同じ内容）。
  ii. 預金名義は、次のとおりとします。
    「被補助人〇〇　**同意者　補助人××**」
  iii. 預金印鑑簿、預金払戻請求書の署名等は、次のとおりとします。
    「被補助人〇〇㊞　**同意者　補助人××㊞**」
  iv. 預金の入金票は、次のとおり記入します。ただし、原則として預金の入金は被補助人が単独で行えるので、同意人名は必ずしも必要ではありません。
    「被補助人〇〇　**同意者　補助人××**」
  v. 上記「ⅰ」～「ⅳ」の手続の場合、「被補助人」の表示を行わないケースもあります。
  vi. 被補助人名義の発行ずみであるキャッシュカードは回収し、払戻し時に補助人の同意が確認できないので、**新たには発行しません**。
  vii. 金融機関からの通知（預金の満期案内等）は、被補助人宛てに行います。

(6) 補助人の権利、権限

補助人がもつ被補助人の行為に対する権利、権限は、次のとおりです。
① 補助人の同意を得なければならない被補助人の特定の法律行為には取消権があります（民法17条4項）。
② 代理権が付与されている特定の法律行為については代理権があります（民法876条の9第1項）。

(7) 補助人が取消しできない行為

被補助人が、行為能力者であることを信じさせるため詐術を用いたときは、その行為を取り消すことはできません（民法21条）。

(8) 補助人の取消しの効果

補助人が取り消した行為は、初めから無効であったものとみなします。ただし、被補助人はその行為によって現に利益を受けている限度において、返還の義務を負います（民法121条）。

(9) 補助人と被補助人の利益相反行為

補助人と被補助人との利益が相反する場合（利益相反行為）、補助人は臨時補助人を選任することを家庭裁判所に請求しなければなりません。ただし、補助監督人がある場合は補助監督人が権限を行使します（民法876条の7第3項）。臨時補助人は「臨時補助人選任審判書」により確認します。

(10) 補助監督人の選任および権限

家庭裁判所は、必要があると認めるときは、被補助人、その親族もしくは補助人の請求により、または職権で補助監督人を選任することができます（民法876条の8第1項）。

補助監督人の権限（職務）は、次のとおりです（民法876条の8第2項）。

① 補助人の事務を監督すること。
② 補助人が欠けた場合に、遅滞なくその選任を家庭裁判所に請求すること。
③ 急迫の事情がある場合に、必要な処分をすること。
④ 補助人と被補助人との利益が相反する行為について被補助人を代表し、または被補助人がこれをすることに同意すること。

補助監督人の登記は、登記事項証明書（186・187ページ）に行われているので参照してください。

4　任意後見人との預金取引

顧客が「任意後見契約の本人」（以下、「被後見人」といいます）となった場合には、任意後見人を相手方として、次のように預金の取引を行います。

(1)　任意後見契約の基本事項

任意後見契約の基本事項は、次のとおりです。成年後見制度の成年（被）後見人とは異なる権利、権限、義務等があるので注意が必要です。

① 成年後見、保佐、補助の制度が民法により定められているのに対して、任意後見契約は「任意後見契約に関する法律」（以下、「任契法」といいます）により定められた制度です。

② 任意後見契約は、委任者が受任者に対し、精神上の障害により事理を弁識する能力が不十分な状況における自己の生活、療養看護および財産の管理に関する事務の全部または一部を委託し、その委託にかかる事務について代理権を付与する委任契約です（任契法2条1号）。

③ 任意後見契約は、任意後見監督人が選任された時からその効力を生じます（任契法2条1号）。

④ 平成24年中の任意後見監督人選任の審判の申立件数は685件であり、同年中の成年後見開始の審判の申立件数28,472件に比べると、決して多いとはいえません。

⑤ 任意後見契約は、被後見人と任意後見受任者が公証役場に行き、公正証書によってしなければなりません（任契法3条）。

⑥ 任意後見監督人の選任の請求は、被後見人の事理を弁識する能力が不十分な状況になったとき（補助開始と同条件）に、被後見人（申立ての能

力がある場合)、配偶者、4親等以内の親族、任意後見受任者が家庭裁判所に申し立てます。原則として、被後見人以外の申立ての場合にはあらかじめ被後見人の同意が必要です（任契法4条1項・3項）。

(2) 任意後見監督人の欠格事由

任意後見受任者、または任意後見人の配偶者、直系血族および兄弟姉妹は任意後見監督人となることはできません（任契法5条）。

(3) 任意後見人との取引開始時期

前記「(1) 任意後見契約の基本事項 ③」(45ページ）で述べたとおり、任意後見契約は、任意後見監督人が選任された時からその効力を生じるので「登記事項証明書」(193ページ）により、その選任を確認します。

任意後見監督人が選任される前は、被後見人（任意後見契約の委任者）と取引します。任意後見受任者との取引はできません。任意後見人との取引は、任意後見監督人が選任された時以降から行うことになります。

(4) 代理権付与の行為

被後見人から任意後見人に委託された事務の内容は登記事項証明書（別紙目録）の「代理権目録」(194ページ）により確認します。任意後見人は、代理権目録に記載された項目のみに代理権があります。その他の代理行為はできません。金融機関は代理権目録にどのような金融機関取引が記載されているのかを確認する必要があります。

(5) 任意後見人との預金取引の基本事項

① 顧客が被後見人となった旨の届出があった場合、前記「(3) 任意後見人との取引開始時期」にあるとおり金融機関は、任意後見監督人が選任されていること、および前記「(4) 代理権付与の行為」により代理権目

録に金融機関取引が記載されていることを確認後、任意後見人を被後見人の代理人として以後のすべての預金取引を行います。被後見人との直接的な取引はできません。
② 被後見人が直接金融機関と行った預金取引は、任意後見人から取り消されることはありませんが、任意後見制度利用の届出があった場合は、その旨を登録し、任意後見人の権限に応じて取引するようにします。
　また、預金印鑑簿、預金通帳への表示により、預金者が制限行為能力者であることがわかるようにします（後記(7)「預金印鑑簿、預金名義の変更方法」参照）。
③ CIF（預金）に「任意後見契約の本人の預金口座」のコードを設定します。

(6) 被後見人、任意後見人等の確認方法

顧客が被後見人となった旨の届出があった場合には、「成年後見制度に関する届出書」（190・191ページ）と「登記事項証明書」（193ページ）により、任意後見監督人が選任され任意後見契約が効力を生じていること、および被後見人、任意後見人、任意後見監督人等を確認します。また、登記されている被後見人が自店の顧客に間違いないことも確認します。なお、任意後見人等は、印鑑証明書、実印、運転免許証等による本人確認をも行います。

(7) 預金印鑑簿、預金名義の変更方法

預金印鑑簿、預金名義の変更方法は金融機関により異なりますが、代理権目録により金融機関取引の代理権がある場合の一般的な取扱いは、次のとおりです。
なお、すべての預金の解約の申出が任意後見人からあった場合は、下記①の手続を省略する場合もあります。その場合の預金解約請求書への署名等は下記③と同一です。

また、被後見人の預金口座がいくつかの金融機関に開設されている場合は、複数の預金口座を一本化するため他の預金口座を解約することがあります。

① 任意後見人から新たに預金印鑑簿を徴求します。なお、任意後見人の住所、氏名、印鑑等を別紙に徴求して従来の預金印鑑簿をそのまま使用する金融機関もあります。
② 預金名義は、次のとおりとします。
「被後見人○○　代理人　任意後見人××」
③ 預金印鑑簿、預金払戻請求書の署名等は、次のとおりとします。
「被後見人○○　代理人　任意後見人××㊞」
④ 預金の入金票は、次のとおり記入します。
「被後見人○○　代理人　任意後見人××」
⑤ 上記①〜④の手続の場合、「被後見人」（正式な表示は、「任意後見契約の本人」）の表示を行わないケースもあります。
⑥ 被後見人名義の発行ずみであるキャッシュカードは回収します。キャッシュカードは任意後見人以外の者が使用する可能性がある等の理由により、新たには発行・利用を認めていない金融機関が多いようです。
⑦ 金融機関からの通知（預金の満期案内等）は、任意後見人宛てに行います。

(8) 任意後見人の権利、権限

任意後見人がもつ被後見人の行為に対する権利、権限は、次のとおりです。
① 任意後見人は、被後見人の法律行為に対し取消権はありません。取消権のある成年後見人等とは大きく相違する点です。

> **参　考**
>
> 成年被後見人の居住用不動産の処分等には家庭裁判所の許可（民法859条の3）が必要ですが、任意後見制度における被後見人の場合は不要です。し

> かし、金融機関としては、被後見人の居住用不動産の（根）抵当権設定等については任意後見監督人の同意を得て実行するほうがベターです（前記「1 (4)　成年後見人の権利、権限②【参考】」(31・32ページ)）を参照してください）。

② 任意後見人には、代理権目録に記載された項目のみに代理権があります。

(9)　任意後見人と被後見人の利益相反行為

任意後見人と被後見人との利益が相反する場合（利益相反行為）、任意後見監督人が被後見人を代表します（任契法7条1項4号）。

(10)　任意後見監督人の職務および権限

成年後見監督人は、家庭裁判所が必要があると認めるときに選任することができます（選任されない場合もあります）が、任意後見契約は任意後見監督人が選任されないとその効力を生じません（絶対的に必要です）。その職務および権限は、次のとおりです（任契法7条1項・2項）。

① 任意後見人の事務を監督します。
② 任意後見人の事務を家庭裁判所に定期的に報告します。
③ 急迫の事情がある場合に、任意後見人の代理権の範囲内で必要な処分をすることができます。
④ 前記「(9)　任意後見人と被後見人の利益相反行為」について被後見人を代表します。
⑤ いつでも、任意後見人に事務の報告を求め、または任意後見人の事務の調査、被後見人の財産の状況を調査することができます。

⑾ 任意後見制度を利用した場合の費用

　任意後見制度を利用するために必要な費用は、公証役場手数料、法務局収入印紙代、登記嘱託料、その他戸籍謄本、住民票徴求代金等です。弁護士等の専門家に依頼した場合は、その費用も必要です。

5 制限行為能力者かどうかの確認方法および協同組織金融機関における出資申込みの可否

　本項では、認知症等の顧客について制限行為能力者かどうかの確認方法および協同組織金融機関における出資申込みの可否について記述します。

⑴ 顧客が制限行為能力者かどうかの確認方法

　融資等の申込者が制限行為能力者かどうかを確認する場合、次の「身分証明書」(195ページ)、「登記されていないことの証明書」(196ページ)の双方を徴求し、確認する方法があります。

① 身分証明書

　市区町村が発行するもので、本人が禁治産、準禁治産の宣告、成年被後見人の登記および破産（破産は発行しない市区町村もあります）の通知を受けていないことを証明する書類です。被保佐人、被補助人は、本籍地の市区町村には通知されないので記載されません。また、任意後見契約の本人も記載されません。

② 登記されていないことの証明書

　全国の法務局、地方法務局（郵送申込みの場合は、東京法務局後見登録課のみ）が発行するもので、本人が後見登記等ファイルに成年被後見人、被保佐人、被補助人および任意後見契約の本人とする記録がないことを証明する書類です。

(2) 協同組織金融機関における制限行為能力者からの出資申込み

　信用金庫、信用組合、農業協同組合等の協同組織金融機関の会員となるため制限行為能力者から出資加入の申込みがあった場合の対応は、次のとおりです。

① 申込人が会員たる資格を有している場合、成年被後見人、被保佐人、被補助人および任意後見契約の本人であっても下記②〜④により応じることが可能です。

② たとえば、信用金庫の定款には暴力団員等の加入はできないことが規定（信用金庫定款例申合せ。平成24年度から）されていますが、制限行為能力者の加入については何の制限も設けられていません。

③ 成年被後見人の場合は成年後見人を代理人として申込みを受け付けます。被保佐人、被補助人の場合は保佐人、補助人に代理権が付与されている場合は、保佐人、補助人を代理人として、また同意権が付与されている場合は保佐人、補助人の同意のもとに申込みを受け付けます。

④ 任意後見契約の本人の場合は任意後見人の「代理権目録」に委任されているときは任意後見人を代理人として受け付けます。「代理権目録」に委任されていない場合は任意後見契約の本人から直接申込みを受け付けます。

第2章
相続の手続

　相続とは、被相続人（取引先）が死亡し、その時点（相続開始時点）で所有する財産（不動産、現金、預金、有価証券等）、負債（借入金等）を相続人等が受け継ぐことをいいます。

　本章では、預金を中心に取引先が死亡してから相続人等に払い戻す（名義変更する）までの手続において、金融機関職員、特に役席、役付が理解しておくべき全般的な対応方法、留意事項、相続人に関する問題点、戸籍（除籍）謄本の見方、徴求すべき書類、具体的な諸手続等について解説します。

　相続は、死亡によって開始します（民法882条）。また、第1章においては「顧客」と記述しましたが、本章では主に「取引先」と記述します。同義語と解釈してください。

| 第1章 高齢顧客、判断能力に問題のある顧客との取引 | 第2章 相続の手続 | 第3章 トラブル事例集 |

I 相続発生時の対応および留意点等

　最近、相続を行うにあたり、あまりにも相続人間の争いが多いことから、相続は冗談で「争族」あるいは「騒族」ともいわれています。

　親が生きている間はろくに面倒もみなかった子供たちが、親が死んだとたんに、それらの配偶者をも巻き込んで親の遺産の奪い合いのために骨肉の争いを繰り広げるといったことも珍しくなくなりました。

　金融機関は、取引先の死亡を知って相続の手続を行う場合、相続人間の争いに巻き込まれることなく、また、誤った事務手続等を行うことのないように最新の正しい法律等の知識をもち、かつ細心の注意を払って事務手続を行うことが肝要です。

　相続が発生した場合において金融機関職員、特に役席、役付として知っておかなければならない対応方法、知識、留意点等については、次の事項があげられます。

1　相続の開始

　金融機関が取引先の死亡を知るケースおよび相続開始の最初の段階で行うべき対応、手続等は、次のとおりです。

(1) 取引先の死亡を知るケースと注意事項

　金融機関が取引先の死亡の事実を知るケースとしては、次の①～⑨があげられます。いずれの場合にも決して見逃すことのないように注意する必要があります。

また、次の①〜③のケースのように相続人等と直接会話した場合には、応対した職員が相続人等に対して心からのお悔やみを申し上げ、すみやかに店長等に報告（④〜⑨のケースも）することが大切です。

　特に、取引先の死亡直後の場合は、遺族の心中を慮（おもんぱか）って言動には十分な注意が必要です。遺族が感情的になると、なんでもないことがトラブルとなりやすく、しかもその解決が非常に困難となりがちです。職員が常に上記のように心がけることが、相続手続をスムーズに行うための第一歩です。

① 窓口への来店により遺族等から取引先死亡の連絡があった場合。
② 電話等により遺族等から取引先死亡の連絡があった場合。
③ 渉外係等が外訪活動中に取引先の葬儀に出合ったり、訪問先で取引先の死亡の事実を知らされた場合。
④ 営業店等の近隣の取引先、あるいは職員の自宅近所の取引先のため、職員がその死亡に気づいた場合。
⑤ 取引先が事故、事件等で死亡し、新聞（特に、地方紙には死亡の記事が載ることが多くあります）、テレビ等で報道された場合。
　　なお、亡くなった取引先の住所は町名までしか報道されないことが多いので、同名異人と間違えないような注意が必要です。
⑥ 取引先が有名人であり、その死亡が新聞、テレビ等で報道された場合。
⑦ 僚店、他金融機関にも取引があり、そこから連絡があった場合。
⑧ 死亡した取引先と親しくしていた他の取引先、親戚、葬儀社、寺、葬儀場等から連絡があったり聞いたりした場合。
⑨ 職員が休日等に外出先で偶然に取引先の通夜、葬儀を見かけたような場合。
　　なお、この場合は、何気なく見過ごしてしまいがちなので注意が必要です。

(2) 僚店取引の確認、相続人への説明

取引先の死亡を知った場合、僚店取引の有無も聴取、調査し、僚店取引が判明したときにはすみやかに僚店役席等にその事実を連絡する必要があります。

この場合、相続人等には自店で相続手続が可能なもの、僚店でなければ相続手続ができないものを説明し、納得していただきます。

ただし、相続人等から徴求する公的資料、書類(除籍謄本、戸籍謄本、印鑑証明書、遺言書、遺産分割協議書等)については、自店、僚店で共用できるものは二重に徴求(または、コピー等)することのないように気をつける必要があります。

(3) 死亡届の徴求、作成

取引先の死亡を知った場合は、相続人等から死亡届(または、相続届。金融機関により名称は異なります)を徴求します(次ページの「【死亡届】(部分・見本)」を参照してください)。

① 前記「(1) 取引先の死亡を知るケースと注意事項 ①、③」(55ページ)の場合は、相続人等に死亡届を記入していただきます。不明の箇所は空欄でもかまいません。また、印章がない場合はサインのみで対応します。

② 上記①以外の場合は、死亡届は職員が代筆して作成します。この場合は、後日相続人等から正式に死亡届を提出していただきます。

(4) 取引の停止

相続の発生を金融機関が知った場合は、次のような手段によりすみやかに取引停止の手続を行います。

① 取引先の死亡を知った場合は、原則として取引先との取引を停止します。

【死亡届】（部分・見本）

```
                死 亡 届
                              平成　年　月　日
○○銀行（信用金庫、信用組合等）

              被相続人　住　所 _____
            （預金者・亡くなった方）
                      氏　名 _____


              お届出人　住　所 _____
            （相続人等）
                      氏　名 _____㊞


              被相続人とのご関係 _____


被相続人（預金者）_____は、平成　年　月　日死亡しましたのでお届け
します。
つきましては、下記の被相続人の預金、定期積金その他いっさいの取引を停止
してください。

被相続人の遺言書は（あります　ありません）相続人代表_____㊞
      （（　）内のいずれかを○で囲んでください。）

                記

              ～以下省略～
```

② 職員が営業店外（訪問先、出先等）で死亡の事実を知った場合は、すみやかに営業店に電話等により連絡し、コンピュータ端末から相続の届け（死亡のコード、死亡日等）を設定するように依頼します。金融機関休業日、平日の夜間等のオンラインクローズ後に（設定不可能な時限に）知った場合には、忘れずに（翌営業日の）オンライン開局と同時に（設定可

能な時限となったら直ちに）設定することが肝要です。
③ オンライン化されていない貸金庫、保護預り等の取引がある場合は、開扉等の取引を中止する手続を行います。
④ 相続人から、被相続人名義のまま預金取引の一部を引き続き継続したい旨の申出があった場合は、役席と相談のうえ慎重に対処します。引き続き継続する預金取引としては、自宅等の公共料金の自動振替引落し、融資の返済金の自動振替引落し、家賃・駐車場料金・地代等の定期的な振込入金等があります。

　この申出に応じる場合でも、その期間は短期間とし、すみやかに正規の預金口座に変更する手続を推進していただく等、相続人に対して念を押すことが大切です。

　具体的には、全相続人またはできるだけ多くの相続人から「引き続き公共料金、融資の返済金の自動振替引落しあるいは家賃・駐車場料金・地代等の振込入金を行ってほしい」旨の依頼書を徴求することになります。

（注）被相続人が生前振り出した当座預金の小切手・手形類の決済については後記「5 (1) a　当座勘定取引の相続　④」(64ページ)によります。

⑤ 融資の返済中であった場合、貸出金（相続人からすると債務）は可分債務のため各相続人が法定相続分に従って分割承継するとされています（最判昭34.6.19）。預金などとは異なり、相続割合を変更することは原則認められないため、債務引受けによって債権を担保する必要があります。

(5) 死亡の事実の再確認

　金融機関が前記「(1)　取引先の死亡を知るケースと注意事項」(54ページ)のケースにより取引先の死亡を知った場合、正式な死亡の事実の確認は公的書類である、取引先（被相続人）の戸籍謄本、または除籍謄本により確実に行います。

2 相続人等からの徴求書類等の一覧表の作成

　相続の形態により異なりますが、金融機関が相続人等に提出を依頼する書類等は、相続関係書類（死亡届、預金相続依頼書、預金名義変更届、免責的債務引受契約証書、念書等）、被相続人の戸籍謄本、または除籍謄本、相続人等の戸籍謄本、印鑑証明書、遺産分割協議書、遺言書等多種類のものがあります。

　このため、相続関係書類を除いた上記書類等については、次ページの【相続人様から提出していただく書類等一覧表】（例）を作成しておき、そのなかの提出を必要とする書類名の頭部に○印を付して相続人等に渡すと、必要書類等に徴求漏れがなく便利です。

　ただし、この場合、上記一覧表に○印漏れがあると金融機関の責任になるおそれがあるので責任者のチェックを受けたうえで相続人等に渡すなどの十分な配慮が必要です。

(注)　後記「Ⅱ5(5)　相続の場合に徴求する戸籍謄本、除籍謄本」（97ページ）も参考にしてください。

3 相続人から各種証明書等の交付依頼があった場合の対応

　相続手続中に相続人から被相続人の預金、融資等に関する各種証明書等の交付依頼があった場合の取扱方法は、次のとおりです。

(1) 残高証明書の発行依頼

　相続財産確定のため預金、融資等の残高証明書の発行依頼を相続人から受けた場合の取扱方法は、次のとおりです。

　① 相続人全員から被相続人の相続発生日現在の預金、融資等の残高証明書の発行を依頼された場合

第1章 高齢顧客、判断能力に問題のある顧客との取引
第2章 相続の手続
第3章 トラブル事例集

【相続人様から提出していただく書類等一覧表】(例)

　今回の相続手続に関しまして相続人様からのお申出に基づいて当社(金庫・組合等)が判断した結果、ご提出いただく書類等につきましては、下表の該当箇所に○印を付したものとなります。なお、追加書類をお願いする場合がございますのであらかじめご了承ください。ただし、当社(金庫・組合等)所定の相続関係書類は含まれておりません。
　また、融資関係の必要書類は別になりますので、融資係からご説明いたします。

		被相続人(○○)様分		
○	戸籍(除籍)謄本	ご出生からお亡くなりになられた時までの連続したもの。		
○	戸籍の附票			
○	預金通帳	普通預金No.1234　貯蓄預金No.5678		
○	預金証書	定期預金No.9012　定期預金No.3456		
○	キャッシュカード	普通預金No.1234		
○	未使用小切手帳	小切手No.1234～1250番		
○	貸金庫	貸金庫No.123　貸与鍵　1本		
		相続人様分		
○	遺言書(公正証書遺言以外の場合は家庭裁判所の検認を受けたもの)			
	遺産分割協議書			
○	戸籍謄本(××様を除きます)			
○	印鑑証明書・実印(すべての方)　*実印をおもちでない方はご相談ください。			
○	運転免許証等の本人確認書類(すべての方)			
		相続人様以外(△△)様分		
○	遺言執行者	(　)氏成年後見人	特別代理人	受遺者
○	印鑑証明書・実印			
○	運転免許証等の本人確認書類			

(お願い)　戸籍謄本、印鑑証明書等の公的書類につきましては、平成　年　月　日を基準としまして、○カ月以内に発行されたものをご提出くださいますようにお願いいたします。
(注)　上記(お願い)の「平成　年　月　日を基準としまして」は「預金相続依頼書」提出日を基準としまして」等としてもよい。

相続人のうちの1名を代表者として発行依頼を受理し、「被相続人○○　相続人代表××殿」宛てとして残高証明書を発行します。

② 共同相続人のなかの1名から被相続人の相続発生日現在の預金、融資等の残高証明書の発行を依頼された場合

「被相続人○○　相続人□□殿」宛てとして残高証明書を発行します。

(注)　残高証明書発行依頼書に使用する印鑑は、上記①、②の場合ともに相続人（代表）の実印（印鑑証明書添付）とするのが通例です。その際、運転免許証等による本人確認もあわせて行います。

(2)　取引履歴の交付依頼

被相続人の預金、融資等の過去の取引履歴の交付を依頼された場合、それが合理的な期間内（たとえば、15年前からの取引履歴の照会といったような場合は、合理的な期間内とはいえません）であれば前記「(1)　残高証明書の発行依頼」(59ページ)と同様な手続によりこれに応じてさしつかえありません。

なお、被相続人の預金が解約されずに存在している場合、相続人の一人は、他の相続人の同意がなくても、被相続人名義の預金口座の取引経過の開示を請求することができます（最高裁平21.1.22）。

(注)　被相続人が生前解約した預金について相続人から取引履歴の交付を依頼されたケースでは、「銀行は、預金者の生前に預金の取引経過、解約の結果の報告を完了しており、相続人には取引経過開示義務を負わない。」との東京高裁の判決（平23.8.3）があります。本件は上告されていましたが、最高裁において不受理（平24.1.12）となり、東京高裁の判決が確定しました。

(3)　相続終了後の依頼

すでに遺産分割協議が終了し、あるいは遺言により相続が確定して特定の相続人が当該預金を払戻し、または名義変更した後に当該預金を相続しなかった相続人からその預金の残高証明書の発行依頼、取引履歴の交付依頼があったときは、原則としてこれに応じるべきではありません。

やむをえず、金融機関がその依頼に応える場合は、依頼理由等を慎重に聴

取し、金融機関が納得できる理由があった場合のみ、本部承認を得た後にこれに応じるべきです。

(4) 預金の入出金伝票、録画したビデオ映像の内容確認依頼

被相続人の預金等の取引について相続人間で争いがある等の場合、当該預金等の入出金伝票や、取引状況を録画したビデオ映像をみせてほしいとの依頼が相続人からあることがあります。このような場合、それらは内部記録であることから、原則として申出をお断りすべきです。

やむをえず、金融機関がその申出に応える場合、相続人全員の署名等のある依頼書を徴求し、本部の承認を得てからみせる等、慎重に対処します。

相続人の一部が依頼書の提出を承諾しない場合、みせることをお断りすることになります。ただし、家庭裁判所、警察署等から法令に基づき伝票、録画したビデオ映像の提出依頼があった場合は、提出することになります。

4　相続関係書類の使用印鑑

相続人等が相続関係書類に使用する印鑑については、次のとおりです。

(1) 相続人の場合

相続人が相続関係書類に使用する印鑑については通常は、次のとおりとします。

① 印鑑登録のある相続人は実印を使用していただき、印鑑証明書を徴求します。
② 印鑑登録のない相続人についても、できるだけ印鑑登録を行ったうえで、実印を使用していただくように依頼し、印鑑証明書を徴求します。なお、市区町村への印鑑登録は満15歳以上であれば可能です。
③ 印鑑登録がなく預金の取引がある場合は預金届出印で行うこともあり

ます。
④ 印鑑登録がなく取引もない場合は、事務規定等に基づき運転免許証等により本人確認を十分行ったうえで役席承認により慎重に取り扱います。

(2) 相続人以外の場合

相続人以外については実印を使用していただき、印鑑証明書を徴求します。弁護士の場合は、所属弁護士会が発行する印鑑証明書（弁護士業務で使用する職印証明書）およびその職印でも可とします。

5 金融機関が関係する相続

金融機関が関係する相続の大部分は、預金、融資、協同組織金融機関の出資金、貸金庫、投資信託等の相続となります。それらの取扱いは、次のとおりです。

(1) 預金の相続

a 当座勘定取引の相続
① 当座勘定取引契約は、法的には小切手等の支払委託による支払委託契約と当座預金による消費寄託契約（民法666条）とが結合したものです。
　このため、個人取引先（委任者）の死亡により、委任契約（民法643条）は法律上の終了となるので、当座勘定取引も終了し（民法653条1号）、当座勘定当座貸越契約がある場合でも貸越の実行はできません。
② 当座勘定取引先の死亡を確認した場合は、原則として当座勘定取引契約を解約します。取引先に発行ずみの未使用の手形用紙、小切手用紙があるかを調査し、それらがある場合は、相続人に連絡のうえ回収

に努めます。
③　当座勘定取引解約後に生前振り出した小切手等が呈示された場合は、「振出人等の死亡」（0号不渡事由）により不渡返還します。

　なお、「0号不渡事由」は、手形交換所への不渡届提出不要の不渡りであり、取引停止処分の対象外ですから、被相続人が手形交換所の取引停止処分に付されることはありません。

④　相続人から、「被相続人が生前振り出した小切手等を決済してほしい」との申出があった場合、これに応じることもあります。

　この場合、相続人全員の署名等のある承諾書兼決済依頼書を徴求のうえ
　　ⅰ　被相続人の当座預金口座を解約せずにその口座から引き落とす方法
　　ⅱ　被相続人の当座預金口座を解約して別段預金口座で決済する方法
　　ⅲ　被相続人の当座預金口座を解約し、相続人が新規に契約した当座預金口座から引き落とす方法

があります。

　なお、ⅲの場合は、相続人の当座預金口座から引き落とした被相続人振出しの小切手等を相続人振出しの小切手と差し替えるべきです。

　また、被相続人振出しの約束手形等で、支払期日まで長期間（2ヵ月程度以上）ある場合、相続人が次の⑤で新規に契約した当座預金の約束手形等と差し替えることを勧めるのも一つの方法です。

⑤　被相続人の事業を引き継ぐ相続人から、「当座勘定取引を被相続人から私（相続人）に名義変更してほしい」との申出があった場合、被相続人の信用状況と相続人の信用状況は異なるので、相続人の信用状況等を純新規先と同様な基準で審査、調査したうえで新規契約するのが適正な方法です。なお、当該申出は、被相続人と相続人の当座預金

の口座番号を同一としたい場合等に行われることがあります。
⑥　法人の当座預金取引先で、死亡した代表者が生前に振り出した小切手等は、そのまま決済しますが、念のため現代表者にその旨を確認すべきです（念書を徴求するケースもあります）。

> **参　考**
>
> 振出人が生前に振り出した小切手の効力
> 　○　振出の後、振出人が死亡し又は行為能力を失うも小切手の効力に影響を及ぼすことなし（小切手法33条）。

b　当座勘定取引以外の預金の相続

　　預金を相続した相続人等に払い戻すか、あるいは名義変更を行います。

　　要求性預金（普通預金、貯蓄預金、納税準備預金）については、原則として名義変更を行わず、すべて解約することを定めている金融機関もあります。

c　被相続人名義ではない預金の相続

　　以前は預金契約時の本人確認義務がなかったり、厳密に行っていなかったことから、本人以外の名義（家族名義、架空名義、借名等）により預金を契約していたこともあります。

　　相続人から、標記名義預金を相続財産に含めたいとの申出があった場合には、相続人全員から念書を徴求のうえ確実な保証人を立てる等して慎重に取り扱います。また、その預金名義人が実在する場合は、その方から「この預金の名義は自分だが、実際は被相続人の預金であって自分のものではない」旨の念書を徴求します。

　　なお、「第3章　トラブル事例集」のうちの「【Ⅱ　相続】ケース7　他人名義の預金」（173ページ）も参考にしてください。

d　名義貸しの預金の相続

　　「預金の名義は被相続人だが、名義を貸しただけで本当の預金者はほ

第1章 高齢顧客、判断能力に問題のある顧客との取引	第2章 相続の手続	第3章 トラブル事例集

かにいるから相続預金から除外してほしい」との申出が相続人からあった場合は、原則としてこれに応ずるべきではありません。金融機関が預金の真の出捐者(しゅつえんしゃ)を知ることは不可能に近いからです。

　やむをえず、上記の申出に応じる場合は、本部承認等を得たうえで上記 c の取扱いに準じて相続人全員から念書を徴求のうえ確実な保証人を立てる等して慎重に取り扱います。

　特に、後日になって相続税の脱税を意図しての申出であったなどの事実が判明したような場合には、承諾した金融機関の善管注意義務違反となるおそれもあるので十分な注意が必要です。

(2) 融資の相続

　融資は各事例により異なりますので深くは触れませんが、一般的な注意事項は、次のとおりです。

① 複数の相続人がいる場合、前記「1(4)　取引の停止　⑤」(58ページ)のとおり融資の債務は可分債務のため各相続人が法定相続分に従って分割承継するとされているので、預金などとは異なり、相続割合を変更することは原則認められません。

② 融資の返済金の被相続人預金口座からの自動振替引落しは、前記「1(4)　取引の停止　④」(58ページ)のとおり引き続き行っても問題は少ないと思われます。

③ 通常は、免責的債務引受契約により、相続人の1名を債務者とする方法をとり、そのうえで他の相続人を連帯保証人とすることもあります。

④ 債務者が変更となるので、連帯保証人、物上保証人等の同意を得ることが必要です。

⑤ 総合口座の当座貸越のように、債務者(預金者)の死亡により貸越金と預金が相殺適状にある場合は、原則として貸越元利金と担保定期預金との差引計算(払戻充当、または相殺)によりすみやかに貸越金を回収

します。

> **参 考**
>
> 総合口座取引規定（例）
> 第XX条（即時支払）
> (1) 次の各号の一にでも該当した場合に貸越元利金等があるときは、当社（金庫・組合等）からの請求がなくても、それらを支払ってください。
>   ① 省略
>   ② 相続の開始があったとき
>   ③ 以下省略

(3) 協同組織金融機関の出資金の相続

相続財産のなかに信用金庫、信用組合、農業協同組合等の協同組織金融機関の会員等となるための出資金（通常は、1～数万円程度の金額です）がある場合、会員等の死亡は法定脱退事由なので、相続人は出資金の持分払戻請求権を相続することになります。

しかし、被相続人に上記金融機関からの融資債務があるような場合、融資債務を相続した相続人は原則として会員となる必要があり、相続人のうちの1名は出資金を引き継いで相続加入できます。その場合の条件、効果等は、次のとおりです（信用金庫の例）。

① 相続人が相続加入する条件（信用金庫法14条1項・2項）
  ⅰ．「会員たる資格」を有すること。
  ⅱ．定款に定められた「期間内に加入の申出」をすること。
  ⅲ．出資金の持分全部を「一名の相続人が継承する」こと。

（注）相続加入の場合は、相続開始時に会員になったものとみなします（信用金庫法14条1項）。

② 相続人に関する注意事項
　ⅰ．相続人が制限行為能力者であっても相続加入は可能です。前記「第1章Ⅲ5(2)　協同組織金融機関における制限行為能力者からの出資申込み」(51ページ) を参考にしてください。
　ⅱ．相続人が会員となる資格がない暴力団員等に該当する場合は後記「Ⅱ3(9)②　協同組織金融機関の出資金の取扱い（信用金庫の例）」(89ページ) を参照してください。

(4) 貸金庫の相続

貸金庫契約者が死亡した場合の相続手続は、次のとおりです。
① 金融機関は貸金庫契約者の死亡を知った場合、すみやかに利用（開扉）を停止します。
② 貸金庫契約は賃貸借契約です。契約者が死亡した場合、貸金庫規定により貸金庫契約の解約ができるので解約することになります。
　代理人契約がある場合は、代理権は本人の死亡により消滅する（民法111条1項1号）ので、代理人からの利用（開扉）請求もお断りすることになります。
③ 相続人が貸金庫を引き続き利用する場合は、原則新規の申込みとして対応します。

> **参考**
>
> 貸金庫規定（例）
> 第XX条（解約等）
> (1) 省略
> (2) 次の各号の一にでも該当する場合には、当社（金庫、組合等）はいつでもこの契約を解約できるものとします。この場合、当社（金庫、組合等）から解約の通知があったときは、直ちに前項と同様の手続をしたうえ、貸金庫を明け渡してください。以下省略。
> 　① 省略

② 借主について相続の開始があったとき
③ 以下省略

④ 具体的には、相続人全員が署名、押印した（原則として印鑑証明書付きの実印によります）貸金庫契約解約届により貸金庫契約を解約し、開扉するときは相続人全員の立ち会いによって行います。当日立ち会いできない相続人は委任状によります。
⑤ 貸金庫利用手数料が先取りの場合は未経過期間分の金額の返却を、後取りの場合は既経過期間分の金額の徴収を行います。
⑥ 貸金庫の設備がない金融機関（営業店）が行っている保護預り（顧客からの預り物をＢ４判程度の大きさの書類入れに封印して預かる種類のもの）についても、貸金庫の手続に準じて処理します。
⑦ 貸金庫あるいは保護預りの収納物のなかには、相続人が知らない現金、宝石などの高価な貴金属、金の地金、有価証券、預金通帳・証書等が納められている場合があります。それらは相続財産に含まれることとなるので、相続人が遺産分割協議を行う前に相続人全員で確認しなければなりません。
⑧ 貸金庫あるいは保護預りの収納物のなかには、遺言書が納められている可能性もあります。
⑨ 金融機関は、上記⑦、⑧の理由によりすみやかに相続人に貸金庫契約があることを伝え、上記④の手続によりできるだけ早く貸金庫契約の解約手続を勧める必要があります。保護預りがある場合も同様です。

(5) 投資信託・国債の相続

投資信託を金融機関が販売しはじめて日が浅いため、その相続については各種問題が発生してきています。

第1章 高齢顧客、判断能力に問題のある顧客との取引	第2章 相続の手続	第3章 トラブル事例集

　最近では、福岡高裁平成22年2月17日付判決（金融法務事情1903号89頁）により、「投資信託は預金とは異なり不可分債権であるので、相続人全員の合意がなければ投資信託の解約はできない」との判断が下されました。また、国債についても同様の判断（福岡地裁平23.6.10）がされています。

　後記「Ⅲ11　遺産分割協議が整わない時点で共同相続人のなかの1名から自分の法定相続分の預金の払戻請求があった場合の対応」（126ページ）による払戻しはできないことになります。

　投資信託や国債の相続が発生した場合は、相続人等全員の合意のうえで名義変更、または解約することになりますが、担当部と相談のうえ慎重に対処、処理することが肝要です。

II 相続手続時における全般的な注意事項

　相続の手続は、画一的に処理されにくく、相続人の状況（相続人間で争いがある場合、相続人のなかに未成年者、成年被後見人等の制限行為能力者がいる場合、相続人が不明の場合など）、相続財産の状況（財産より負債のほうが多い場合など）等により、その態様はさまざまなので個別の対応が求められることが多くあり、十分な注意が必要です。

　相続手続を行う場合、金融機関職員として知っておかねばならない全般的な知識、相続人・戸籍に関する留意点等については、次の事項があげられます。

　なお、民法等の今後の改正により諸手続等が変更される場合があるので十分注意してください。

1　相続手続全般

　相続財産に対する各相続人の法定相続分、遺留分等の注意事項ならびに相続の放棄、限定承認、寄与分等は次のとおりです。

(1)　各相続人の法定相続分、遺留分

　相続が発生した場合、各相続人の法定相続分、遺留分の割合は次ページの【法定相続分、遺留分一覧表】のとおりです（民法900条・1028条）。

　第一順位の相続人がいない場合は、第二順位の相続人が相続し、第一順位、第二順位の相続人がいない場合は、第三順位の相続人が相続します。なお、配偶者は常に相続人となります。詳しくは後記「(2)　法定相続分、遺留分の

注意事項」を参照してください。

また、遺留分とは、兄弟姉妹以外の相続人に相続財産のなかから残さなければならない民法1028条1号・2号により定められた割合に相当する額です。

【法定相続分、遺留分一覧表】

順　位	相続人 (民法886〜890条)	法定相続分 (民法900条)	遺留分 (民法1028条)
第一順位	子 (配偶者あり)	子＝1／2 配偶者＝1／2	1／4 1／4
	子のみ	全　額	1／2
第二順位	直系尊属 (配偶者あり)	直系尊属＝1／3 配偶者＝2／3	1／6 1／3
	直系尊属のみ	全　額	1／3
第三順位	兄弟姉妹 (配偶者あり)	兄弟姉妹＝1／4 配偶者＝3／4	なし 1／2
	兄弟姉妹のみ	全　額	なし
配偶者	配偶者のみ	全　額	1／2

(2) 法定相続分、遺留分の注意事項

民法により定められた法定相続分、遺留分の割合について注意すべき事項は、次のとおりです。前記「(1) 各相続人の法定相続分、遺留分」の【法定相続分、遺留分一覧表】も参考にしてください。

① 第一順位の子は、実子のほかに普通養子、特別養子も子に含みます。普通養子、特別養子についての詳細は、後記「3(5) 養子がいる場合」(82ページ)を参照してください。

② 被相続人の子が相続の開始以前に死亡したときはその者の子（孫）が、その者の子（孫）も死亡したときは、さらにその者の子（曾孫）が、というように被相続人の直系卑属は代襲して相続人となります。ただし、

被相続人の直系卑属でない者は、この限りではありません（民法887条2項）。

なお、被相続人の直系卑属でない者とは、相続人が養子で、その連れ子が該当します。被相続人の養子は直系卑属です。
③ 被相続人の配偶者（内縁関係を除きます）は、常に相続人となります（民法890条）。
④ 被相続人に子も直系卑属もいない場合は、被相続人の直系尊属（親等の異なる者の間ではその近い者を先にします。父母が先で次に祖父母の順になります）が、直系尊属もいない場合は被相続人の兄弟姉妹が相続人となります。兄弟姉妹が死亡している場合は、その子（被相続人の甥、姪）までが相続人となります（民法889条2項）。甥、姪の子は相続人になりません。
⑤ 胎児は、相続に関してはすでに生まれたものとみなされるので相続人となります（民法886条1項）。ただし、胎児が死体で生まれたときは適用されません（民法886条2項）。
⑥ 兄弟姉妹以外の相続人には、それぞれの割合に相当する額の遺留分があります（民法1028条）。各遺留分は前記「(1) 各相続人の法定相続分、遺留分」の【法定相続分、遺留分一覧表】（72ページ）のとおりです。
⑦ 相続の開始前における遺留分の放棄は、家庭裁判所の許可を受けたときに限りその効力を生じます（民法1043条1項）。
⑧ 遺留分の減殺の請求権は、遺留分権利者が相続の開始および減殺すべき贈与または遺贈があったことを知った時から1年間行使しないときは時効によって消滅します。相続開始の時から10年を経過したときも同様に時効により消滅します（民法1042条）。

なお、遺留分の減殺請求とは、遺言等により自分の遺留分を侵害されている相続人（遺留分権利者）が行使する請求です。
⑨ 嫡出子と非嫡出子との相続分は、平成25年12月5日に「民法の一

部を改正する法律」が成立し、非嫡出子の相続分が嫡出子の相続分と同等になりました。これは民法900条4号ただし書き前半部分（ただし、嫡出でない子の相続分は、嫡出である子の相続分の二分の一とし、）を削除したもので、平成25年9月5日以後に開始した相続について適用されます。

なお、嫡出子は、法律上の婚姻関係にある夫婦の間に生まれた子を、非嫡出子は、法律上の婚姻関係にない男女の間に生まれた子をいいます。

⑩　父母の一方のみを同じくする兄弟姉妹（いわゆる、「半血兄弟」）の相続分は、父母の双方を同じくする兄弟姉妹（いわゆる、「全血兄弟」）の相続分の1／2となります（民法900条4号ただし書き）。

このケースは、兄弟姉妹が被相続人となり、その相続人が他の（残った）兄弟姉妹となる場合をいいます。

具体的には、次のようなケースが該当します。

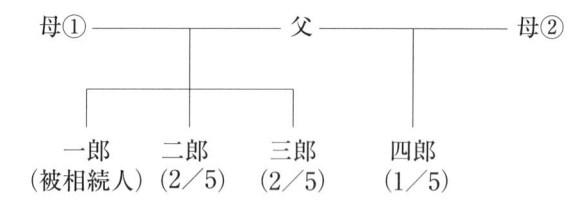

```
母①　――――――　父　――――――　母②
　│              │              │
　├──┬──┤              │
一郎　二郎　三郎              四郎
(被相続人) (2／5) (2／5)         (1／5)
```

ⅰ．父は母①と結婚し、一郎、二郎、三郎の3名の子が生まれました。

ⅱ．その後、母①が死亡したため、父は母②と再婚し、四郎が生まれました（いまは父、母②もすでに死亡しています）。

ⅲ．今回、長男の一郎が死亡しましたが、配偶者、子および直系尊族がいません。そのため一郎の兄弟（二郎、三郎、四郎）が相続人になります。

ⅳ．兄弟3名のうち二郎、三郎は、死亡した一郎と父母を同じくするので、2名の相続分はそれぞれ2／5になります。

ⅴ．四郎は、死亡した一郎とは父のみを同じくするので、四郎の相続分

は二郎、三郎の1／2となり、相続分は1／5になります。
⑪　父が認知した子は、その父母の婚姻により嫡出子の身分を取得します。

また、婚姻中に父母が認知した子は、その認知の時から嫡出子の身分を取得し、これを準正といいます（民法789条1項・2項）。

死亡した子でも、その子に直系卑属があるときに限り認知できますが、その直系卑属が成年者であるときは、本人の承諾を得なければなりません（民法783条2項）。

(3)　相続の放棄

相続の放棄をする場合は、次のような手続により行います。
①　相続人は相続を放棄することができます。相続する財産よりも負債が多いのが明らかな場合に多くは放棄しますが、その他の場合でも放棄することができます。相続の放棄をしようとする者は、その旨を家庭裁判所に申述しなければなりません（民法938条）。

また、相続の放棄は自己のために相続の開始があったことを知った時から3カ月以内に行わなければなりません（民法915条1項）。なお、相続の放棄は各相続人が単独で行うことができます。
②　相続の放棄をした者は、その相続に関しては初めから相続人とならなかったものとみなされます（民法939条）。このため、相続の放棄をした者の子に代襲相続権はありません。

(4)　相続の限定承認

相続人は相続によって得た財産の限度においてのみ被相続人の債務、遺贈を弁済すべきことを留保して相続の承認をすることができます（民法922条）。これを限定承認といいます。

相続する財産と負債とを比べてみて、そのどちらが多いか不明の場合等に利用され、負債が財産より多い場合であっても財産の範囲内で債務、遺贈を

弁済すれば足ります(負債が財産よりも多額の場合、相続財産はゼロとなり負債は相続しません)。

限定承認は、相続人が数人あるときは共同相続人の全員が共同してのみすることができます(民法923条)。複数の相続人のうちの一部の者が限定承認をすることはできません。

(5) 寄与分

被相続人の事業に関する労務の提供、または財産上の給付、被相続人の療養看護その他の方法により被相続人の財産の維持や増加について特別の寄与をした者(相続人のみが対象となります)は、相続財産(相続開始時点の財産から寄与分を控除したもの)の相続分に寄与分が加算されます。つまり、他の相続人よりも多く相続財産を受け取ることができます(民法904条の2第1項)。

> **例**
>
> 父親が1億円(長男の寄与分を含めます)の財産を残して死亡し、長男、二男が相続人となる場合において、長男の寄与分が1,000万円あるときの長男、二男の法定相続分は、次のとおりとなります。
> 1億円(長男の寄与分を含めた財産)−1,000万円(長男の寄与分)=9,000万円
> =相続財産(相続開始時点の財産から長男の寄与分を控除したもの)
> 長男=9,000万円×1／2+1,000万円(長男の寄与分)=5,500万円
> 二男=9,000万円×1／2=4,500万円

2　相続財産に含まれるもの、含まれないもの

　金融機関の相続事務には直接の関係はありませんが、常識的な知識として参考までに相続財産に含まれるもの、含まれないものを次にあげます。

① 　生前の贈与は含まれます。

　　ただし、相続人のうちの１名が法定相続分よりも大きい生前贈与を受けているときの相続財産の配分はゼロとなり、マイナスとはなりません。

② 　死亡保険金は、受取人が被相続人の場合は含まれます。

　　しかし、夫が死亡し、死亡保険金の受取人が妻となっている場合、死亡保険金は妻固有の財産であり、相続財産となりません（最高裁昭40.2.2）。よって、前記「１(3)　相続の放棄」(75ページ) で相続を放棄した場合、あるいは前記「１(4)　相続の限定承認」(75ページ) で限定承認をした場合でも妻は死亡保険金を受け取ることができます。

③ 　被相続人の一身に専属したもの（一身専属権）は、相続によりその地位が承継されません（民法896条ただし書き）。

　　一身専属権とは、その人の一身に専属し、他の人が取得、行使できない権利をいいます。たとえば、身元保証契約、扶養請求権、医師資格、弁護士資格等はその例です（借入金等の連帯保証契約は一身専属ではないので相続します）。

④ 　債務は、法定相続分に応じて相続します。これと異なる割合を相続する場合は債権者の承諾が必要となります。前記「Ⅰ5(2)　融資の相続①」(66ページ) を参照してください。

⑤ 　遺族年金、香典は相続財産には含まれません。

　　内縁の妻には相続権はありませんが、遺族年金を受け取ることができる可能性があります。

3　相続人に関する注意事項

相続人のなかには未成年の子、行方不明者、生死も不明の者、成年後見制度利用者、養子、相続人となることができない者（廃除者、相続欠格者）、相続放棄者、胎児、外国在住者、暴力団員等のさまざまな者がいます。それらの相続人の取扱いは、次のとおりです。

(1) 未成年の子がいる場合

相続人のなかに未成年（年齢20歳に達しない者、民法4条）の子がいる場合の相続手続は、次のとおりです。ただし、婚姻をした未成年の子は成年に達したものとみなされるので除きます（民法753条）。

① 親権者と未成年の子の利益が相反する場合

親権者（通常は父母）とその子が共同相続人となった場合（たとえば、父が死亡して母と未成年の子が相続人となったとき）には親権者と未成年の子の利益が相反することになります。このような場合には、親権者はその子のために特別代理人を選任することを家庭裁判所に請求しなければなりません（民法826条1項）。

また、未成年の子が複数いる場合、未成年の子の1名と他の子との利益が相反するので、その一方のために（未成年の子全員に）別々の特別代理人を選任することを家庭裁判所に請求しなければなりません（民法826条2項）。特別代理人は、家庭裁判所の「特別代理人選任審判書謄本」（197ページ）により確認します。また、印鑑証明書、実印の徴求および運転免許証等による本人確認を行います。

ただし、遺言書によって行う未成年の子の相続は、親権者と未成年の子の利益は相反しません。

特別代理人の署名方法
被相続人青木一郎　相続人青木花子　特別代理人　大田二郎㊞

② 遺産分割協議前に預金の払戻請求（親権者と未成年の子の利益が相反しない）があった場合

　遺産分割協議を行う前に相続人全員から預金の払戻請求があった場合、未成年の子（人数を問いません）がいても共有の状態のままで相続されるため、遺産分割ではありません。このため、未成年の子と親権者との間での利益相反行為とはなりません。

　未成年の子と親権者の間での利益相反行為とはならないので特別代理人の選任は必要なく、親権者が未成年の子の代理人となることが可能です。

　なお、親権は父母の婚姻中は父母が共同して行います（民法818条3項）。

親権者の代理による署名方法：山田誠が未成年の子です。
○　親権者が母のみの場合
　　被相続人山田二郎　相続人山田誠　親権者　母山田和子㊞
○　親権者が父母の場合（遺産相続の場合はまず発生しません）
　　被相続人山田五郎　相続人山田誠　親権者　父山田二郎㊞
　　　　　　　　　　　　　　　　　　親権者　母山田和子㊞

③ 親権者がいない場合
　ⅰ．父母等の親権者の死亡等により未成年の子に対して親権を行う者がいなくなった場合、家庭裁判所は、未成年被後見人、またはその親族、その他の利害関係人の請求により未成年後見人を選任します（民法840条1項）。
　ⅱ．未成年後見人とは、未成年の子（未成年被後見人）の法定代理人で

あり、未成年の子の財産管理、契約等の法律行為を行います。
ⅲ．未成年後見人は、複数でも、法人でも可能です（民法840条2項・3項）。
ⅳ．未成年後見人を相手として金融取引を行う場合は、未成年後見人は未成年の子の戸籍に記載されるので、「未成年後見人が記載された未成年の子の戸籍謄本」の提出を受け、未成年後見人であることを確認します。未成年後見人は印鑑証明書、実印の徴求および運転免許証等による本人確認を行います。

未成年後見人の代理による署名方法：山田誠が未成年の子です。
○　被相続人山田勝　相続人山田誠　未成年後見人　大田二郎㊞

(2) 不在者（行方不明者）がいる場合

複数の相続人のなかに従来の住所または居所を去った者（不在者）（民法25条1項）がいる場合の相続手続は、次のとおりです。

① 利害関係人（相続人）が家庭裁判所に不在者財産管理人選任の申立てを行います（民法25条1項・26条）。不在者財産管理人は、不在者の代理人となって遺産分割協議に参加（遺産分割協議書を作成）します。

② 不在者財産管理人を相手として金融取引を行う場合、家庭裁判所による「不在者財産管理人選任審判書謄本」（198ページ）、「不在者の相続預金払戻しの許可審判書謄本」の提出を受け、不在者財産管理人であることおよび不在者の相続預金の払戻しを許可された事実を確認します。不在者財産管理人は印鑑証明書、実印の徴求および運転免許証等による本人確認を行います。

不在者財産管理人の署名方法：山田一郎が行方不明者です。
被相続人山田勝　相続人山田一郎　不在者財産管理人　甲田一郎㊞

> **参 考**
> ○ 相続預金が少額の場合は、行方不明者抜きで相続手続を行う金融機関もあるようです。後記「Ⅲ9　少額の相続預金の特例による相続手続」(121ページ)を参照してください。
> ○ 金融機関が行方不明者の法定相続分の預金を確保しておき、その預金を除いて他の相続人との間で相続手続を行うケースもあります。

(3) 長期間行方不明で生死も不明の者がいる場合

複数の相続人のなかに長期間行方不明で生死も不明の者がいる場合の相続手続は、次のとおりです。

① 不在者の生死が7年間明らかでないときは、利害関係人（相続人）が失踪宣告の申立てを家庭裁判所に行います。失踪宣告を受けた相続人は、定められた期間（7年間）が満了した時に死亡したものとみなされます（民法30条1項・31条）。この場合、「失踪宣告書」の提出を受けて確認します。

② 死亡したものとみなされて失踪宣告を受けた相続人の子は代襲相続します。

③ 後日、失踪宣告を受けた者が生存することの証明があった場合は、失踪宣告は取り消されます（民法32条1項）が、相続手続が終了している場合は、金融機関としては関与することはありません。

(4) 成年被後見人、被保佐人、被補助人、任意後見契約の本人がいる場合

相続人のなかに成年被後見人、被保佐人、被補助人、任意後見契約の本人がいる場合の相続手続は、次のとおりです。

① 成年被後見人
　成年後見人を代理人として相続手続を行います。

② 被保佐人、被補助人

　相続事務について保佐人、補助人に代理権がある場合は、保佐人、補助人を代理人として相続手続を行います。同意権がある場合は、保佐人、補助人の同意を得て相続手続を行います。

　なお、「相続の承認若しくは放棄又は遺産の分割をすること」は、保佐人の同意を要する行為として民法13条1項6号に定められています。

③ 任意後見契約の本人

　任意後見監督人が選任されていて、登記事項証明書（別紙目録）の代理権目録により相続事務が委託されている場合は、任意後見人を代理人として相続手続を行います。

④ 具体的な署名方法等については、前記「第1章Ⅲ1　成年後見人との預金取引～4　任意後見人との預金取引」（29～50ページ）を参照してください。

(5) 養子がいる場合

　相続人のなかに養子（普通養子と特別養子があります）がいる場合の相続手続は、次のとおりです。なお、普通養子の場合は、戸籍には養子の旨の表示、実父母の氏名の表示等がありますが、特別養子の場合は、養子の旨の表示、実父母の氏名の表示等はありません。本人の身分事項欄に「民法817条の2」との表示があります。

① 成年に達した者は、養子をすることができます（民法792条）。

② 特別養子は、実親（生みの親）との親子関係が消滅するので実親の相続権はありません。

参　考

　特別養子とは、「民法817条の2～11」に定められた養子制度であり、養親となる者の請求により実方の血族との親族関係が終了する養子縁組をいいます。

特別養子は家庭裁判所の承認により成立し、養親は配偶者のある者で夫婦双方が養親とならなければなりません。そのほか、養親の年齢制限、特別養子になるときの年齢制限等、厳しい条件があります。
　なお、最高裁判所の「司法統計年報」によると平成18〜24年の7年間の全国の特別養子縁組の成立件数は2,273件となっています。

③　普通養子は、実親との親子関係が消滅しないので実親、養親の双方の相続人となります。
④　配偶者、子のいない普通養子が実親、養親より早く死亡したときは、実親、養親（計4名）が各1／4ずつ相続します。
⑤　配偶者のある者が未成年者を養子とするには、配偶者とともにしなければなりません。ただし、配偶者の嫡出である子を養子とする場合等は、この限りではありません（民法795条）。
⑥　配偶者のある者が養子縁組するには、その配偶者の同意を得なければなりません。ただし、配偶者とともに縁組をする場合等は、この限りではありません（民法796条）。
⑦　未成年者を養子とするには、家庭裁判所の許可が必要です。ただし、自己または配偶者の直系卑属を養子とする場合は、この限りではありません（民法798条）。
⑧　成年に達しない養子は、養親の親権に服します（養親が親権者となります）（民法818条2項）。

(6) 廃除者、相続欠格者、相続放棄者がいる場合

法定相続人のなかに廃除者、相続欠格者、相続放棄者がいる場合、それらの者は相続人となりません。この場合の相続手続は、次のとおりです。
①　廃除者
　ⅰ．廃除者とは、遺留分を有する推定相続人（被相続人の子の場合が多い

と思われます）で、被相続人の意思により相続権を失わせた者です。

廃除の方法は、「被相続人が生前に廃除を家庭裁判所に申し立てる」方法と「遺言で廃除の意思を表示する」方法とがあります。ただし、廃除された場合でも遺贈は受けることができます。

ⅱ．廃除の理由としては、被相続人への虐待、重大な侮辱、推定相続人にその他の著しい非行があったときです（民法892条）。

ⅲ．被相続人が生前に廃除を行おうとする場合は、家庭裁判所に推定相続人の廃除を請求することができます（民法892条）。この場合、上記「ⅱ」の理由により廃除される側（子など）との間で、重大なトラブルの発生が予想されます。

ⅳ．被相続人が遺言により推定相続人を廃除する意思を表示したときは、遺言執行者が推定相続人の廃除を家庭裁判所に請求しなければなりません。

この場合、推定相続人の廃除は、被相続人の死亡の時にさかのぼってその効力を生じます（民法893条）。

ⅴ．廃除者は、戸籍の身分事項欄に「推定相続人廃除」と記載され、「推定相続人廃除の裁判確定日」「被相続人名」「届出日」「届出人」等も記載されるので戸籍謄本をみることにより確認できます。

② 相続欠格者

ⅰ．相続欠格者とは、民法891条により定められた者であり、当然に相続人としての資格を失ってしまう（家庭裁判所への請求は要しません）ので相続人になれません。また、受遺者にもなれないので遺贈も受けることができません（民法965条）。

ⅱ．相続欠格者は戸籍には記載されませんので、金融機関はその確認がむずかしい面があります。金融機関から相続欠格者の有無を相続人に聞くこともできないので、相続人等から相続欠格者がいる旨の申出がなければ、通常の場合、金融機関が知ることは不可能です。その申出

があった場合および下記「ⅲ」の場合等を除き、知らないことに金融機関の過失はないと考えられます。
ⅲ. 推定相続人が、故意に被相続人等を死亡するに至らせ、または至らせようとしたため刑に処せられた場合等においては、金融機関が新聞、テレビ等の報道で気づくことがあり、注意が必要です（相続欠格者は服役していれば金融機関に来店できません）。

参 考

民法第891条（相続人の欠格事由）
次に掲げる者は、相続人となることができない。
一　故意に被相続人又は相続について先順位若しくは同順位にある者を死亡するに至らせ、又は至らせようとしたために、刑に処せられた者。
二　被相続人の殺害されたことを知って、これを告発せず、又は告訴しなかった者。ただし、その者に是非の弁別がないとき、又は殺害者が自己の配偶者若しくは直系血族であったときは、この限りでない。
三　詐欺又は強迫によって、被相続人が相続に関する遺言をし、撤回し、取り消し、又は変更することを妨げた者。
四　詐欺又は強迫によって、被相続人に相続に関する遺言をさせ、撤回させ、取り消させ、又は変更させた者。
五　相続に関する被相続人の遺言書を偽造し、変造し、破棄し、又は隠匿した者。

③　廃除者、相続欠格者の代襲相続

　　廃除、欠格によってその相続権を失ったときは、廃除者、相続欠格者の子が代襲相続します。ただし、被相続人の直系卑属に限ります（民法887条2項）。詳しくは、前記「1(2)　法定相続分、遺留分の注意事項②」（72ページ）を参照してください。

④　相続放棄者

　　相続人は、相続の放棄ができます（民法915条1項）。放棄の理由は問いません。相続の放棄をしようとする者は、その旨を家庭裁判所に申述

しなければなりません（民法938条）。相続人が単に「相続財産は要らない」といったり、文書にその旨を記しただけでは、相続の放棄とは認められません。

相続人のなかに相続放棄者がいる場合は、家庭裁判所の「相続放棄申述受理審判書謄本」、または「相続放棄申述受理証明書」（199ページ）を徴求して確認する必要があります。金融機関は相続放棄者を除く全相続人等を相手として通常の相続手続を行います。

なお、限定承認があった場合は、後記「Ⅲ6　限定承認があった場合の手続」（116ページ）を参照してください。

(7) 胎児がいる場合

被相続人の配偶者が妊娠していて、出生すれば相続人となる胎児がいる場合の相続手続は、次のとおりです。なお、本項では被相続人の配偶者が妊娠している場合に限って説明します。

① 胎児は、相続についてはすでに生まれたものとみなします（民法886条1項）。ただし、胎児が死体で生まれたときは適用しません（民法886条2項）。

② 被相続人の配偶者が妊娠していることが明らかな場合、または妊娠しているとの申出があった場合は、下記③により取り扱います。

　また、妊娠の有無を金融機関が積極的に調査する必要はありませんが、配偶者の様子からみて明らかに妊娠しているとわかる場合は、申出がなくても気づかねばなりません。

③ 妊娠中の胎児以外に被相続人の子がいない場合、万一、死産のときは被相続人の直系尊属、あるいは兄弟姉妹にも相続権が発生する場合があります。また、胎児以外に被相続人の子がすでにいる場合も、胎児の出生により、すでにいる子の相続割合が変わり（少なくなり）ます。

④ 上記③の理由により、胎児の出生後に相続手続を行うことを配偶者等

に説明し、納得してもらいます。説明する場合には言葉遣い、内容に注意し、間違っても「死産の場合には〜」などというべきではありません。
⑤　ただし、上記④によると数カ月間にわたり相続の手続ができないことになるので、配偶者等から相続預金の払戻請求を受けた場合は、次の条件がすべてクリアされた場合にのみ請求に応じるものとします。
　ⅰ．配偶者（戸籍謄本により確認します）からの申出であること。
　ⅱ．配偶者を含む相続人の生活費、出産費用、相続に必要な経費、学費等の真に必要な費用、経費等の支払いに充てることが請求書、領収書、見積書等により判明していること、およびその範囲内の金額であること。
　　なお、相続預金が少額の場合は、後記「Ⅲ9　少額の相続預金の特例による相続手続」（121ページ）を、葬儀費用の払戻請求があった場合は、後記「Ⅲ10　葬儀費用の払戻請求があった場合の手続」（124ページ）を参照してください。
　ⅲ．配偶者の法定相続分の範囲内であること。遺言書がある場合は、遺言書に記載された配偶者の相続分の範囲内であること。
　ⅳ．相続預金の払戻金は、配偶者、または他の相続人の預金口座には入金せず、現金支払い、または請求先（産婦人科病院等）の預金口座への振込みに限ること。
　ⅴ．他の相続人等との間でトラブル等が発生、または発生する懸念のないこと。

(8) 外国に居住する相続人がいる場合

日本人の相続人のなかに外国に居住する相続人がいる場合の相続手続は、次のとおりです。
　①　相続人の在留国の日本国大使館、または総領事館で「居住証明書」「印鑑証明書」「サイン証明書」等の発行を受けられます。

② 米国の場合は、公証人（Notary Public）の認証のある「在留証明書」「サイン証明」の発行が受けられます。
③ 上記①、②の証明書のなかから徴求可能で住民票、印鑑証明書等のかわりとなる書類を選び用意していただきます。

　なお、外国人と婚姻した者は外国人の姓に変更できます。（戸籍法107条２項）
④ 外国に居住する相続人が被相続人の葬儀などで一時帰国している場合は、本人のパスポート上のサインをサイン証明書（印鑑証明書）のかわりとすることを認めることも検討すべきです。この方法が最も簡単で、相続人にも負担をかけません。

(9) 暴力団員等の反社会的勢力の構成員等がいる場合

相続人のなかに「暴力団員等の反社会的勢力の構成員」（以下、「暴力団員等」といいます）がいる場合の相続手続は、次のとおりです。
① 預金、融資等の取扱い

　金融機関は、すでに預金、融資等の取引の各種規定、各種約定書、各種契約証書等のなかに暴力団排除条項を追加しています。このため、相続人のなかに暴力団員等がいる場合は、被相続人の預金を相続により取得しても、相続預金は現金等で支払うことになり、以後の取引はいっさいできません。

　つまり、暴力団員等である相続人は、預金を相続しても預金のままで継続取引することはできません。

　融資取引においては金融機関の請求によりいっさいの債務について期限の利益を失い、当該相続人は直ちに債務（融資金）を返済することになります（融資は、暴力団員等ではない相続人に債務引受けを依頼することになります）。

② 協同組織金融機関の出資金の取扱い（信用金庫の例）

平成24年に、全国信用金庫協会は、信用金庫への加入について暴力団員等である場合は「信用金庫の会員になることはできない」旨の定款例の変更を発出しました（信用金庫定款例5条2項）。このため、すでに定款を反社会的勢力（暴力団員等）排除のものに変更ずみの信用金庫においては、暴力団員等は会員になることはできません。

相続加入について定めている「信用金庫法14条」には、加入手続の際に「信用金庫の承諾を得て」との文言はありませんが、実務上は、それにかわるものとして「表明・確約書」を徴求するのが一般的といえます。そのため、虚偽の表明・確約によって信用金庫が錯誤等により暴力団員等からの加入を受け付けても、その事実が確認できれば「信用金庫定款例5条2項」に該当することにより、相続加入申込者は当初から会員資格を有しないことになり、加入申込行為自体が無効となります。

暴力団員等である相続人は、被相続人の出資金の持分は継承できず、持分払戻請求権を相続することになります。

他の協同組織金融機関においても、すでに信用金庫と同様の定款の変更が行われた業界もあり、同様の手続をとっています。

相続加入後に反社会的勢力の属性要件に該当することが判明した場合、当該会員は「会員たる資格の喪失（信用金庫法17条1項1号）により法定脱退となり、その後、脱退した旨および出資金相当額の受領方法等を知らせる通知を送付することになります。

参考

○ 普通預金規定（例）では、預金口座を解約できる者として以下をあげています。
A. 暴力団
B. 暴力団員
C. 暴力団準構成員

D. 暴力団関係企業
E. 総会屋等、社会運動等標ぼうゴロまたは特殊知能暴力集団等
F. その他本号AからEに準ずる者
　　～以下略
○ 信用金庫定款（例）では、会員となることができない者として以下をあげています。
1. 暴力団、暴力団員、暴力団員でなくなった時から5年を経過しない者、暴力団準構成員、暴力団関係企業、総会屋等、社会運動等標ぼうゴロまたは特殊知能暴力集団等、その他これらに準ずる者。
　　～以下略

4　外国人の相続

　金融機関の取引先には外国籍をもつ取引先もいます。その取引先に相続が発生した場合、日本の法律の適用がない、あるいは相続人の確認が非常に困難であるなど、日本人の相続とは異なりむずかしい面が多々あります。外国籍の取引先の相続手続は、次のとおりです。

(1) 本国法の適用

　外国人の相続は「相続は、被相続人の本国法による」旨の定め（法の適用に関する通則法36条）があり、その外国人の国籍のある国の相続を定めた法律を調査する必要があります。次に参考となる事例をあげておきます。
① 遺言により、日本の民法の適用を申請した場合、遺言が優先します。念のため、被相続人の国籍の在日大使館等に確認してください。
　　なお、遺言の成立および効力は、その成立の当時における遺言者の本国法によります（法の適用に関する通則法37条）。
② 外国事情はわかりにくいので、必要に応じて本部主管部、弁護士、被

相続人の国籍の在日大使館等に確認する必要があります。
③　相続預金を解約のうえ債権者不確知として法務局に弁済供託する方法があります。後記「Ⅲ7　預金の相続人を確定（確認）できない場合の手続」（118ページ）を参照してください。

(2)　外国籍住民への住民票の作成

日本に居住している外国人は、従来は外国人登録法（平成24年7月に廃止）の登録簿が住民票等のかわりをしていましたが、平成24年7月に住民基本台帳法の一部を改正する法律が施行され、外国籍をもつ方も住民票（世帯ごと）に編製されました。なお、上記の外国人には外国人登録法に基づいて外国人登録証明書（顔写真付き、カード形式で外出時に携帯義務があります）が発行されています。また、市区町村外に住所を変更する場合は、転出届けおよび新住所地への転入届けが必要となりました。

①　特別永住者

外国人登録証明書は、次回の確認時まで有効です。切替え時に「特別永住者証明書」（200ページ）に切り替わります。

> **参　考**
>
> 特別永住者とは、昭和20年9月2日の日本の降伏文書調印日以前から日本に住み、昭和27年のサンフランシスコ講和条約により日本国籍を離脱した後も日本に在留している台湾、朝鮮半島出身者とその子孫に認められている永住資格です（日本国との平和条約に基づき日本の国籍を離脱した者等の出入国管理に関する特例法。いわゆる「出入国管理特例法」）。
>
> 平成24年末現在、約38万人おり朝鮮半島出身者が大部分を占めています（法務省資料より。永住者、中長期滞在者も同資料より。ただし、千単位を四捨五入してあります）。

② 永住者

　外国人登録証明書は、平成24年7月の住民基本台帳法の一部を改正する法律の施行後3年（平成27年7月）以内に切替えが必要です。切替え時に「在留カード」（200ページ）に切り替わります。

> **参考**
>
> 永住者とは、一定の要件を満たして永住許可を申請し、許可され日本国に永住している外国人のことをいいます。平成24年末現在、約63万人で、東南アジア、ブラジル出身者などが多くを占めています。

③ 中長期滞在者

　外国人登録証明書は、平成24年7月の住民基本台帳法の一部を改正する法律の施行後の在留資格の変更時、または在留期間の更新時に入国管理局で「在留カード」に切り替わります。

> **参考**
>
> 中長期滞在者とは、日本に連続3カ月を超えて滞在しようとする外国人で、住所を有する外国人のことをいいます。平成24年末現在、約103万人います。

(3) **主な国籍別の取扱い**

　日本に在住する主な国の外国人の相続手続について、参考となる事例をあげておきます。いずれにしても、前記「(1)　本国法の適用　③」（91ページ）で述べたとおり、相続人を慎重に調査しても不明等の場合には、弁済供託が可能であれば弁済供託することが最も簡便な方法ですので、顧問弁護士等と相談して対処すべきです。

① 在日中国人

　被相続人が中国国籍の場合は、中華人民共和国相続法により相続の手続を行います。中国では戸籍のことを戸口といい、都市戸籍（城市戸口）、

農村戸籍（農村戸口）があります。
② 在日韓国人（国籍・韓国、朝鮮）

大韓民国渉外私法26条（相続）によると、相続は被相続人の本国法（つまり、韓国の大韓民国民法）によります。大韓民国民法には相続に関する定めがあります。韓国では戸籍制度は「家族関係の登録等に関する法律」（2007年5月17日法律8435号）により廃止されました。

本籍は登録基準地に、戸籍（簿）は家族関係登録（簿）に、戸籍謄本・戸籍抄本は家族関係記録事項証明書に名称が変更されています。相続の詳細については、在日本大韓民国団（民団）に確認する方法もあります。

③ 在日北朝鮮（朝鮮民主主義人民共和国）人（国籍・朝鮮）

在日本朝鮮人総聯合会（朝鮮総聯）に確認する方法があります。

④ 米国人（旧日本国籍の方が米国国籍を取得した場合も含みます）

各州ごとに法律を異にする国なので、被相続人と最も密接な関係をもつ州の法律を本国法とします。印鑑証明書がわりとなるサイン証明等は、次によります。

ⅰ．米国籍の相続人が米国在住の場合は、公証人（Notary Public）の認証のあるサイン証明が発行されます。

ⅱ．米国籍の相続人が日本在住で前記「(2) 外国籍住民への住民票の作成 ②永住者、③中長期滞在者」（92ページ）に該当する場合は、住民票、印鑑証明書が発行されます。印鑑登録がない場合は、米国大使館でサイン証明の発行を受けます。

5 戸籍に関する事項

わが国における戸籍制度について、その歴史、作成（改製、編製、転籍、分籍）方法、記載内容あるいは相続が発生した場合にはどのような戸籍謄本、除籍謄本を徴求するのか等については、次のとおりです。なお、戸籍には特

に配慮されなければならない個人の機微情報（センシティブ情報）等が多く含まれるため、戸籍（除籍）謄本等については慎重な取扱い(注)が求められます。

(注) 個人情報保護にかかる金融事業者によるセンシティブ情報の取得が例外的に認められます（金融庁ガイドライン6条1項6号 相続手続に必要な場合）。

(1) 戸籍制度の歴史

わが国の現在の戸籍制度は、明治5年に創設されました。この戸籍を同年の干支である壬申にちなんで壬申戸籍といいます（この壬申戸籍は、その一部に身分の差別が記載されているため、現在は閲覧することはできません）。現在取得することができる戸籍は、次のとおりです。

① 明治19年式戸籍（明治19～31年）

  (注) 明治31年途中から改製のため明治31年が次の②と重複します。

② 明治31年式戸籍（明治31～大正3年）

③ 大正4年式戸籍（大正4～昭和22年）

④ 昭和23年式戸籍（昭和23年～現在）

 ⅰ．昭和23年の民法改正〔家督相続の廃止あるいは家（いえ）を単位とする戸籍から夫婦・子を単位とする戸籍への変更等〕に伴い、戸籍法が全面改正され、昭和23年1月1日に施行されました。この戸籍の改製作業は、昭和33年4月～41年3月までに行われました（改製原戸籍）。

 ⅱ．改製原戸籍（後記(2)①を参照してください）謄本には、「昭和参拾弐年法務省令第二十七号により昭和×年×月×日本戸籍改製」「昭和参拾弐年法務省令第二十七号により昭和〇年〇月〇日あらたに戸籍を編製したため本戸籍消除」と表示されています。

 ⅲ．新戸籍謄本には、「昭和参拾弐年法務省令第二十七号による改製」と表示されています。

⑤ 平成6年式戸籍（平成6年～現在）

ⅰ．平成6年に戸籍事務の全部、または一部をコンピュータ処理できるように戸籍法が一部改正されました。
ⅱ．改製原戸籍謄本（201ページ）には、「平成六年法務省令第五十一号附則第二条第一項による改製につき平成×年×月×日消除」と表示されています。
ⅲ．上記「ⅱ」の作業が終了した戸籍謄本（202・203ページ）には、「【改製事由】平成6年法務省令第51号附則第2条第1項による改製」と表示されています。

(2) 戸籍の作成

戸籍の作成は次の場合に行われますが、作成の事情により改製、編製、転籍、分籍等、それぞれ異なった名称がつけられています。

① 戸籍の改製

　法律により戸籍の形式が変更になった場合に変更することを戸籍の改製といいます。これによる改製前の戸籍を改製原戸籍といいます。現在の戸籍は、前記「(1)　戸籍制度の歴史　⑤ⅲ」に記した「平成6年法務省令第51号附則第2条第1項による改製」と記載されているものが多くあります。
　新たに改製された戸籍には、すでに除籍された者等は必要がないので移記されません。改製前の記載事項を調査するときは、改製原戸籍（謄本）を取り寄せなければなりません。

② 戸籍の編製

　婚姻、離婚、養子縁組等により新戸籍（たとえば、婚姻の場合は、通常それまでは親の戸籍内に親と一緒に記載されています）が作成された場合を戸籍の編製といいます。これによる編製前の戸籍を従前戸籍といいます。
　新たに編製された戸籍には、従前戸籍に記載されていた事項は移記さ

| 第1章 高齢顧客、判断能力に問題のある顧客との取引 | 第2章 相続の手続 | 第3章 トラブル事例集 |

れません。編製前の記載事項を調査するときは、従前戸籍の筆頭者の戸籍（謄本）を取り寄せなければなりません。

③ 転　籍

　本籍の移動により新戸籍が作成された場合を戸籍の転籍といいます。他の市区町村に転籍した場合、新たに作成された戸籍には、転籍前の戸籍に記載されていた事項は除籍者の事項などを除きほとんど移記されます。同一市区町村のなかで転籍した場合、本籍欄が修正等（新本籍地に変更）されるのみで記載内容は、転籍前の戸籍と変わりません。

④ 分　籍

　親の戸籍内に親と一緒に記載されていた独身の成人の子等が、親の戸籍から分離することにより新戸籍が作成される場合を戸籍の分籍といいます。

　分籍者の単独の戸籍となるので、新たに作成された戸籍には、分籍前の戸籍に記載されていた事項は移記されません。分籍前の記載事項を調査するときは、分籍前の戸籍の筆頭者の戸籍（謄本）を取り寄せなければなりません。

　なお、分籍は、戸籍の筆頭者およびその配偶者以外の成人であれば可能です。ただし、一度分籍すると元の戸籍には戻れません。

(3)　戸籍の記載事項

　戸籍には本籍の外、戸籍内の各人について次の8項目を記載しなければなりません（戸籍法13条）。

一　氏名
二　出生の年月日
三　戸籍に入った原因及び年月日
四　実父母の氏名及び実父母との続柄
五　養子であるときは、養親の氏名及び養親との続柄

六　夫婦については、夫又は妻である旨
七　他の戸籍から入った者については、その戸籍の表示
八　その他法務省令で定める事項

(4)　除籍（謄本）

除籍とは、その戸籍に記載されている全員が死亡した場合、あるいは婚姻により新しい戸籍を編製した等により、記載された者が1名もいなくなった（除籍になった）戸籍をいい、謄本の右上欄外に「除籍」と表示されています。

最近のコンピュータ化された謄本の場合は、左上本籍欄の上等に「除籍」と印字されています。除籍謄本（2種類）は204・205ページを参照してください。

(5)　相続の場合に徴求する戸籍謄本、除籍謄本

相続の場合は、被相続人の戸籍謄本等をその出生から死亡時まですべて徴求します。また、相続人のすべてが判明する除籍謄本、戸籍謄本等を徴求する必要があるので、相続人に説明する場合は、それらの徴求漏れのないように、以下のような取扱いが求められます。

① まず、被相続人の死亡が確認できる戸籍謄本、または除籍謄本を徴求します。
② 必要に応じて被相続人の死亡の記載がある住民票除票、または被相続人の死亡時の「戸籍の附票」（206ページ）を住所を証明する資料として徴求します。
　（注）　戸籍の附票には、戸籍に記載されている者の住居移転も記載されています。
③ 被相続人の出生から死亡時までの連続した戸籍謄本等により、配偶者、子（嫡出子、非嫡出子、養子）の有無等の確認を行い、必要に応じて（子が婚姻しているような場合等）子の戸籍謄本を徴求します。さらに直系尊属、代襲者あるいは兄弟姉妹が相続人となる場合には、各々必要な戸籍

| 第1章 高齢顧客、判断能力に問題のある顧客との取引 | 第2章 相続の手続 | 第3章 トラブル事例集 |

謄本等を徴求します。誰が相続人となるかによって、徴求する戸籍謄本等も異なります。

たとえば、被相続人に相続人たる子（第一順位の相続人）がいる場合は、被相続人の両親・兄弟姉妹（第二・第三順位の相続人）の戸籍謄本等は必要ありません。

なお、高齢の被相続人が分籍、転籍等していた場合は、改正原戸籍謄本、分籍前の戸籍謄本、転籍前の戸籍謄本などが必要となります。一連の戸籍謄本等を徴求した場合は、それらが連続しているかどうかを慎重に調査、確認する必要があります。

（注）　戸籍に記載される本籍地は、○○町××番地までで、△△号はありません。

④　過去の大震災（大正12年の関東大震災など）、太平洋戦争による空襲あるいはその他の大災害等により、市区町村の戸籍や除籍が焼失等したために戸籍、除籍の再製が行われていないか再製が困難なため、災害等以前の戸籍謄本、除籍謄本を市区町村が発行できず、そのため被相続人の戸籍の連続性が欠けてしまうことがあります。

このような場合は、本籍地の市区町村発行の「告知書」（東京都中央区の場合。市区町村により名称が異なることがあります。207ページ）等により、戸籍謄本、除籍謄本が取得できないことを確認します。そのうえで相続人からの聞き取り等を行い、より慎重に全相続人の確認を行う必要が生じます。預金相続依頼書に保証人を立てていただくことも考慮します。

⑤　相続人等が相続手続に来店した場合は、被相続人の配偶者、子の有無、その他の相続人の有無等を十分聴取のうえ、とりそろえるべき戸籍謄本、または除籍謄本を依頼します。後日、戸籍謄本等が不足し、追加を依頼することのないように注意します。

詳しくは、前記「Ⅰ2　相続人等からの徴求書類等の一覧表の作成」（59ページ）を参照してください。

⑥　徴求する戸籍謄本、除籍謄本、印鑑証明書等の有効期限は、3 〜 6

カ月以内とする金融機関が多いようです。なお、相続人等に説明するときは、「いつの時点から（たとえば、平成2×年○月×日を基準として、または預金相続依頼書提出日を基準として）○カ月以内に発行された書類」というように具体的な日にちを伝えます。

6 各種資料、書類等の原本による確認

相続人等から提出を受ける各種資料、書類等は、コピーされたものは不可とし、次のとおり原本により内容の確認を行うものとします。
① 原本により確認する各種資料、書類等を具体的にあげると、相続人等から徴求する次の【各種資料、書類例】の各種資料、書類等になります。

各種資料、書類例

相続人、被相続人の戸籍謄本・除籍謄本、相続人等の印鑑証明書、遺産分割協議書、遺言書、在外公館発行の居住証明書、署名（サイン）証明書、その他の公的証明書、パスポート、運転免許証、調停証書謄本、各種審判書謄本等。

カラーコピー等によるもののなかには、原本と見間違えるような精巧なものもあるので注意が必要です。なお、戸籍謄本、印鑑証明書等は、コピーするとコピー用紙に「複写」「コピー」等の文字が浮き出るのでコピーされたものかどうか判別できます。

② 相続人等の申出により各種資料、書類等の原本を相続人等に返却し、金融機関の手元に原本が残らない場合は、相続人等の了解をとったうえで原本をコピーし、原本およびコピーを役席に提示します。コピーには「確認日付」「原本確認済」および「原本返却」と記入し確認者印を押印します。下記③の【戸籍謄本コピー】（例）を参照してください。
③ 役席は、提示されたものが原本であること、およびコピーを確認のうえ原本の返却を承認した旨の承認印を押印します。下記【戸籍謄本コ

| 第1章 高齢顧客、判断能力に問題のある顧客との取引 | 第2章 相続の手続 | 第3章 トラブル事例集 |

ピー】(例)を参照してください。

　なお、ホチキス針等によりとめられている原本をコピーする場合、ホチキス針等を取り除かずに(原本をバラさないで)、1枚ずつ丁寧に折り曲げてコピーしなければなりません。

【戸籍謄本コピー】(例)

戸籍謄本の最終ページ
発行番号×××　埼玉県○○郡△△町
平成2×年×月○日　原本確認済・原本返却　　　　　　　　　　　　確認者　㊞　承認者　役席　㊞

III 具体的な相続手続

　取引先に相続が発生してから相続人等に被相続人の預金を払い戻す（名義変更する）までの具体的な取扱方法等については、相続の内容（遺産分割協議、遺言、相続人の事情、家庭裁判所の調停、少額の相続預金等）により次の対処方法、手続等があげられます。

　なお、相続人等から提出していただく各種資料、書類等の詳細は、前記「Ⅰ2　相続人等からの徴求書類等の一覧表の作成」（59ページ）、前記「Ⅱ5(5)　相続の場合に徴求する戸籍謄本、除籍謄本」（97ページ）を参照してください。

　相続関係書類に使用する印鑑については、前記「Ⅰ4　相続関係書類の使用印鑑」（62ページ）を参照してください。

1 相続人が1名の場合の手続

　戸籍謄本等により、相続人が1名であるとの確認ができた場合、遺言書、死因贈与契約書（贈与者の死亡により効力を生じる贈与契約）等がないことを確認（受遺者、受贈者等がいないことの確認）し、預金相続依頼書（原則として相続人等の相続に関係する全員が参加のうえ各相続人等の相続内容の明細等を記載し、全員が署名、押印等した金融機関所定の書類）に署名、押印等を受け、その相続人に対して預金の払戻し、あるいは名義変更等を行います。最も単純な手続で処理が完了します。

　原則として、相続人の印鑑証明書を徴求し、預金相続依頼書に記載された住所、氏名、印鑑と照合します。さらに、運転免許証等で本人を確認します。

なお、印鑑登録のない相続人は前記「Ⅰ4　相続関係書類の使用印鑑」(62ページ)を参照してください。

2　遺産分割協議前の法定相続人等全員への払戻し

相続預金の全額または一部について、遺産分割協議を行う前に相続人等の全員から包括的に預金の払戻請求があった場合は、相続人等の代表者を決めていただき次により相続手続を行います。

(1)　確認事項

確認事項は、次のとおりです。
① 被相続人が死亡していることおよび法定相続人全員を除籍謄本、戸籍謄本により確認します。
② 遺言書、死因贈与契約書等の有無も聴取により確認します。
③ 原則として、相続人等全員の印鑑証明書を徴求し、預金相続依頼書に記載された住所、氏名、印鑑と照合します。さらに、運転免許証等で本人を確認します。

なお、印鑑登録がない相続人等は前記「Ⅰ4　相続関係書類の使用印鑑」(62ページ)を参照してください。

(2)　包括的預金払戻請求への参加者

包括的な預金払戻請求への参加者は、次のとおりです。
① 包括的な預金払戻請求には、相続人、受遺者、受贈者等の相続、受遺、受贈等の権利をもつ者全員が参加することが必要です。
② 相続人のなかに未成年の子、不在者、生死不明の者、成年後見制度等利用者、養子、相続人となることができない者(廃除者、相続欠格者)、相続放棄者、胎児、外国居住者、暴力団員等がいる場合は、前記「Ⅱ3

相続人に関する注意事項」(78 〜 90ページ) を参照して対処してください。

(3) 具体的な処理

金融機関に相続人等から包括的な預金払戻請求がなされた場合の取扱方法は、次のとおりです。

① 預金相続依頼書の内容を点検し、預金相続依頼書に相続人等全員の署名、押印があることを前記「(1) 確認事項」の各種資料、書類等により確認します。また、遺言書、死因贈与契約書等の有無も聴取し、それらが存在する場合は、それらの内容(受遺者名、受贈者名等)を確認するとともに預金相続依頼書に受遺者、受贈者等の署名、押印があることも確認します。

② 預金は相続人等の代表者に一括して払い戻します。法定相続分等を共有のまま相続することになります。

(4) 払い戻した預金の取扱い

前記「(3) 具体的な処理」により払い戻した預金は、特定の相続人等の預金口座へ入金することはできません。

預金口座に入金する場合は、相続財産管理用の預金口座(被相続人××相続人代表○○名義)、あるいは弁護士等の代理人名義の預金口座へ入金します。また、払い戻した預金を預金口座に入金せずに、現金、あるいは自己宛小切手で支払うケースもあります

3 遺産分割協議書による手続

相続人等全員が遺産分割協議を行って同意した場合、この同意に基づいて遺産分割協議書が作成されます。相続人等からこの遺産分割協議書が提出さ

れた場合の取扱いは、次のとおりです。

> **参 考**
>
> 　遺産分割協議の方法、遺産の取り分等については、相続人等から相談を受けても金融機関職員はそれらの内容について関与すべきではありません。
> 　また、遺産分割協議書、遺言書等の内容の感想を話したりすること等は厳禁です。相続のトラブルに金融機関が巻き込まれないことが大切です。

(1) 確認事項

確認事項は、前記「2(1)　確認事項」のとおりです。ただし、「預金相続依頼書」と「遺産分割協議書」の双方の確認を行います。

(2) 遺産分割協議への参加者

遺産分割協議への参加者は前記「2(2)　包括的預金払戻請求への参加者」（102ページ）のとおりです。

(3) 具体的な処理

金融機関に相続人等から「遺産分割協議書」等が提出された場合の具体的な取扱方法は、次のとおりです。

① 遺産分割協議書の内容を点検し、遺産分割協議書に相続人等全員の署名、押印があることを前記「(1)　確認事項」の各種資料、書類等により確認します。また、遺言書、死因贈与契約書等の有無も聴取します。

　法定相続人以外の者（受遺者、受贈者等）が遺産分割協議書に署名している場合は、遺言書、死因贈与契約書等があるので、それらの内容の確認を行う必要があります。以上の確認は預金相続依頼書についても同様に行います。

　なお、被相続人の有効な遺言があった場合、通常は遺言書の指定どお

りに遺産を相続し、遺産分割協議は行いませんが、相続人等の全員が遺言書の存在を知り、その内容を正しく理解しているうえで、遺言書によらず遺産分割協議による相続に合意した場合は、遺産分割協議書を作成し、それによる相続も可能と考えられます。その際、遺言書に遺言執行者が指定されていた場合は、就任を辞退してもらいます（参照：東京地判平13．6．28判タ1068号279頁）。
② 　預金相続依頼書に記入していただく内容は、遺産分割協議書の内容とほぼ同一なので、預金相続依頼書を徴求しない金融機関もあります。
③ 　預金は遺産分割協議書により定められた預金の相続人等に払戻し、または名義変更します。

(4) 遺産分割協議が無効となった場合

　遺産分割協議の成立には、共同相続人等全員の意思の合致が必要です。

　そのため、戸籍上判明している相続人を除外してなされた協議は無効です（昭32.6.21家甲第46号）。また、遺産分割協議書に基づいて遺産分割が終了した後に、包括受遺者（民法990条）を除外したり、胎児が出生したりした事実があった場合は、その遺産分割協議は無効になります。

　このような事態が生じた場合、相続人等は再度預金の遺産分割のやり直しを金融機関に申し立てることがあります。

　しかし、その問題は相続人等の間で解決すべきものであり、金融機関はいっさい関与しません。原則として、その申立てはお断りすることになります。なお、遺言書に基づいて遺産分割を行った後に新しい有効な遺言書が発見された場合も同様です。また、後記「4(5)　遺言、遺言書に関する注意点　②」（113ページ）も参照してください。

| 第1章 高齢顧客、判断能力に問題のある顧客との取引 | 第2章 相続の手続 | 第3章 トラブル事例集 |

4　遺言書による手続

　最近の傾向として、相続人同士のトラブルを事前に防止するため、あるいは財産を被相続人の意思どおりに相続させる等のため、被相続人が遺言を行うケースが多くなってきています。

　しかし、被相続人の意思により法定相続分と異なる遺産の配分を遺言書に定めた場合は、被相続人の思いに反して相続人等の間で紛糾することがあります。

　また、遺言書の種類、内容も多彩であり、遺言執行者を交渉相手としなければならない場合もあります。それらの処理を一歩間違うと金融機関が相続人等から責任を問われるおそれもあり、十分注意して次のように取り扱います。

　なお、15歳に達した者は遺言をすることができます（民法961条）。

(1)　遺言書の有無の確認

　金融機関は、相続人等から遺言書の有無を確認する必要があります。その確認方法は、口頭で確認する金融機関と死亡届等に「遺言書の有無」の確認欄を設けて、相続人の確認印を受ける金融機関があります。いずれの場合でも、遺言書の有無の確認は、後日確認した証拠が残るような方法により明確に行わなければなりません。なお、遺言書以外に死因贈与契約等の有無をも確認すべきです。

> **参　考**
>
> 　前記「Ⅰ1(3)　死亡届の徴求、作成」の「【死亡届】（部分・見本）」（57ページ）を参考としてください。
> 　遺言書の有無については、「相続人から一応確かめれば足り、それ以上の特別の調査義務はない」との東京高裁の判例がありますが、それは昭和43年の

ことであり、当時といまとでは遺言の増加、相続形態の変化など状況が一変しているので、後々のトラブル防止のため書面等により確認の証拠を残しておくべきと考えます。

(2) 遺言の種類、家庭裁判所による検認、形式の確認

　遺言には、自筆証書遺言（民法968条）、秘密証書遺言（民法970条）および公正証書遺言（民法969条）があります。各々の遺言の形式、特徴および確認方法等は、次のとおりです。なお、上記以外に死亡の危急に迫った者の遺言、伝染病隔離者の遺言、船舶遭難者の遺言等、特別の方式による遺言（民法976～984条）もありますが、ごく特殊な例なので本書では触れません。

① 自筆証書遺言

　　遺言者が、その全文、日付および氏名を自書し、これに押印しなければならないとする方式です（民法968条1項）。自筆証書中の加除その他の変更は、遺言者が、その場所を指示し、これを変更した旨を付記して特にこれに署名し、かつ、その変更の場所に印を押さなければ、その効力を生じません（民法968条2項）。

② 秘密証書遺言

　　現在では、その手続の煩雑さ等の理由によりあまり利用されていませんが、次のとおりの方式で行います（民法970条1項1～4号）。民法968条2項の規定（自筆証書中の加除その他の変更）は秘密証書による遺言について準用します（民法970条2項）。

　一　遺言者が、その証書に署名し、印を押すこと。
　二　遺言者が、その証書を封じ、証書に用いた印章をもってこれに封印すること。
　三　遺言者が、公証人1人及び証人2人以上の前に封書を提出して、自己の遺言書である旨並びにその筆者の氏名及び住所を申述すること。

四　公証人が、その証書を提出した日付及び遺言者の申述を封紙に記載した後、遺言者及び証人とともにこれに署名し、印を押すこと。

　なお、上記「一、三および四」にあるとおり、遺言書はその署名押印以外は遺言者の自筆でなくてもかまいません。遺言書を作成した日付が必要とも定められていません。

　また、遺言書は、公証人は預からず遺言者が自分で保管します。

③　公正証書遺言

　公正証書による遺言であり、次のとおりの方式で行います（民法969条）。

　なお、公正証書とは、公証人が当事者その他の関係人の嘱託によって法律行為その他私権に関する事実について作成した証書をいいます。

一　証人2人以上の立会いがあること。
二　遺言者が遺言の趣旨を公証人に口授すること。
三　公証人が、遺言者の口述を筆記し、これを遺言者及び証人に読み聞かせ、又は閲覧させること。
四　遺言者及び証人が、筆記の正確なことを承認した後、各自これに署名し、印を押すこと。ただし、遺言者が署名することができない場合は、公証人がその事由を付記して、署名に代えることができる。
五　公証人が、その証書は前各号（一～四）に掲げる方式に従って作ったものである旨を付記して、これに署名し、印を押すこと。

④　家庭裁判所による検認

ⅰ．「自筆証書遺言書、秘密証書遺言書」（以下、これらを「私書証書遺言書」といいます）の保管者は、相続の開始を知った後、遅滞なく私書証書遺言書を家庭裁判所に提出して検認を請求しなければ（受けなければ）なりません（民法1004条1項）。

　ただし、公正証書による遺言は家庭裁判所の検認を要しません（民法1004条2項）。また、封印のある遺言書（私書証書遺言書）は家庭裁

判所において相続人またはその代理人の立会いがなければ、開封することはできません（民法1004条3項）。
　ⅱ．家庭裁判所の検認は、私書証書遺言書が有効か無効かの判断をするために行うものではなく、その遺言書の現状を確認すること、あるいは遺言書が改竄（かいざん）されたり変更等されたりすることを防止するために行う手続にすぎません。
　　　つまり、家庭裁判所の検認ずみの私書証書遺言書であってもすべてが有効な遺言書であるとは限りません。検認ずみであっても無効となる場合があります。
　ⅲ．検認が終了した遺言書は、家庭裁判所が表紙を付して「検認済証明書（208ページ）のついた遺言書」となります。
　ⅳ．金融機関が相続人等から提出を受ける私書証書遺言書は、上記「ⅲ」の家庭裁判所の検認があるものに限ります。
　ⅴ．検認後、「遺言書検認調書謄本」が請求により家庭裁判所から発行されるので必要に応じて徴求します。
⑤　遺言書の形式の確認
　　私書証書遺言書（上記①、②の遺言書）の提出を受けた場合、金融機関はその形式が法的要件を完備しているかを確認します。上記③の公正証書遺言書は、形式の不備はないので、「公正証書遺言書正本、または謄本（209～213ページ）」に公証人の署名、押印があることを確認します（公正証書遺言書の原本は、公証役場で保管されています）。

(3) 遺言執行者がいない場合の手続

遺言書に「遺言執行者が指定されていない」場合の手続は、次のとおりです。
　①　相続人から遺言書の提出を受け、次の事項を確認します。
　　ⅰ．遺言執行者が指定されていないこと。

ⅱ．形式が法的要件をすべて備えていること。

ⅲ．私書証書遺言書の場合は、前記「(2)④　家庭裁判所による検認」(108ページ)による検認を受けていること。

ⅳ．他の遺言書、死因贈与契約書等がないこと（聴取）。

ⅴ．遺言書について相続人等の間で争いのないこと（聴取）。

② 上記①による確認がすんだ場合は、次により取り扱います。

ⅰ．公正証書遺言の場合、預金相続依頼書等には法定相続人（預金を相続しない相続人も含む全員）、受遺者、受贈者等の署名、押印等を受けます。原則として、当該相続人等全員の印鑑証明書を徴求し、預金相続依頼書等に記載された全員の住所、氏名、印鑑と照合したうえ、運転免許証等で本人を確認します。

なお、印鑑登録のない相続人等は前記「Ⅰ4　相続関係書類の使用印鑑」(62ページ)を参照してください。

ⅱ．「自筆証書遺言、秘密証書遺言」（以下、これらを「私書証書遺言」といいます）の場合、預金相続依頼書等には上記「ⅰ」の方法による相続人等全員の署名、押印等を受ける方法と、遺言により預金を相続する相続人等の署名、押印等のみを受ける方法があります。原則として、前者の方法をとり、当該相続人等全員の印鑑証明書を徴求し、預金相続依頼書等に記載された全員の住所、氏名、印鑑と照合したうえ、運転免許証等で本人を確認します。

なお、印鑑登録のない相続人等は前記「Ⅰ4　相続関係書類の使用印鑑」(62ページ)を参照してください。

③ 徴求する戸籍謄本等は、次により取り扱います。

ⅰ．公正証書遺言の場合は、被相続人の死亡および法定相続人全員がわかる戸籍謄本、除籍謄本を徴求します。

ⅱ．私書証書遺言の場合は、上記「ⅰ」の方法による戸籍謄本、除籍謄本を徴求する方法と、被相続人の死亡がわかる戸籍謄本、または除籍

謄本のみを徴求し、相続人の戸籍謄本は徴求しない方法があります。

なお、公正証書遺言の場合に、相続人等全員の印鑑証明書（上記②ⅰ）と被相続人の死亡および法定相続人全員がわかる戸籍謄本、除籍謄本（上記ⅰ）を徴求する理由は、相続人の一部が公正証書遺言の存在を知らない可能性があるからです。私書証書遺言の場合は、検認を行うときに家庭裁判所から相続人全員に遺言書があることが告知されます。

④　遺言書により指定された預金の相続人に預金を払戻し、または名義変更します。

(4)　遺言執行者がいる場合の手続

遺言書に「遺言執行者が指定されている」場合の手続は、次のとおりです。

①　遺言執行者から遺言書の提出を受け、次の事項を確認します。
　ⅰ．遺言執行者が指定されていること。
　ⅱ．形式が法的要件をすべて備えていること。
　ⅲ．私書証書遺言書の場合は、前記「(2)④　家庭裁判所による検認」（108ページ）による検認を受けていること。
　ⅳ．他の遺言書、死因贈与契約書等がないこと（聴取）。
　ⅴ．遺言書について相続人等の間で争いのないこと（聴取）。

②　遺言執行者は次のような権限、地位を有します。
　ⅰ．遺言執行者は相続財産の管理その他遺言の執行に必要ないっさいの行為をする権利、義務を有します（民法1012条1項）。
　ⅱ．遺言執行者がある場合には、相続人は相続財産の処分、その他遺言の執行を妨げる行為をすることはできません（民法1013条）。
　ⅲ．遺言執行者は、相続人の代理人とみなします（民法1015条）。

③　遺言執行者がいる場合は、金融機関は原則として遺言執行者を相手に相続手続を行います。金融機関は原則として遺言執行者が承諾あるいは

| 第1章 高齢顧客、判断能力に問題のある顧客との取引 | 第2章 相続の手続 | 第3章 トラブル事例集 |

依頼をしない限り、相続人を相手に直接（遺言執行者なしで）相続手続を行うことはできません。

④　遺言執行者がないとき、またはなくなったときは、家庭裁判所は利害関係人の請求によってこれを選任することができます（民法1010条）。この場合は家庭裁判所の「遺言執行者選任審判書謄本」により遺言執行者の確認を行います。

⑤　具体的には、預金相続依頼書等には前記「(3)　遺言執行者がいない場合の手続」の②ⅰ　公正証書遺言の場合、②ⅱ　私書証書遺言の場合（110ページ）の法定相続人、受遺者、受贈者等に加えて遺言執行者の署名、押印等を受けます。

　また、原則として徴求した上記の法定相続人、受遺者、受贈者等の印鑑証明書に加えて遺言執行者の印鑑証明書を徴求し、預金相続依頼書等に記載された全員の住所、氏名、印鑑と照合したうえ、運転免許証等で本人を確認します。

　なお、印鑑登録のない相続人等は前記「Ⅰ4　相続関係書類の使用印鑑」（62ページ）を参照してください。遺言執行者が弁護士の場合は、所属弁護士会が発行する印鑑証明書（弁護士業務で使用する職印証明書）およびその職印でも可とします。

遺言執行者が個人の場合の署名方法

被相続人　青木一郎　遺言執行者　大田二郎㊞

⑥　遺言執行者が信託銀行等の法人の場合は、次の各種資料、証明書等の徴求および来店者の本人確認を行います。
　ⅰ．法人代表者の資格証明書、法人の印鑑証明書
　ⅱ．実際に来店する者へ手続を委任する旨の法人の委任状
　ⅲ．来店者の印鑑証明書、実印の徴求および運転免許証、法人発行の身

分証明書等

遺言執行者が法人の場合の署名方法
被相続人　青木一郎
遺言執行者　株式会社××信託銀行　代理人　石井一夫㊞（来店者）

⑦　徴求する戸籍謄本等は、次により取り扱います。
　　ⅰ．公正証書遺言の場合は、被相続人の死亡および法定相続人全員がわかる戸籍謄本、除籍謄本を徴求します。
　　ⅱ．私書証書遺言の場合は、上記「ⅰ」の方法による戸籍謄本、除籍謄本を徴求する方法と、被相続人の死亡がわかる戸籍謄本、または除籍謄本のみを徴求し、相続人の戸籍謄本は徴求しない方法があります。
⑧　遺言書により指定された預金の相続人、または遺言執行者に預金を払戻しするか遺言書により指定された預金の相続人に名義変更します。

(5) 遺言、遺言書に関する注意点

金融機関職員が知っておくべき遺言、遺言書に関する注意点は、次のとおりです。
①　遺言は、2人以上の者が同一の証書ですることができません（民法975条）。
②　遺産分割協議終了後に有効な遺言書が発見された場合の手続は、次によります。
　　ⅰ．遺言執行者がいる場合
　　　　遺言執行者が、すでに終了した遺産分割を、発見された遺言書どおりに再分割する方法と遺産分割協議を遺言執行者が追認する方法とがあります。追認した場合は、すでに終了した遺産分割は変更されないことになります。これについて、金融機関はいっさいかかわることはありません。

ⅱ．遺言執行者がいない場合

　相続人等の全員（遺言により新たに相続権者となった者、相続権を失なった者も含みます）がすでに終了した遺産分割をあらためて承認した場合は、その遺産分割は変更されないことになります。相続人等のうちの１名でも異議を申し立てた場合は、すでに終了した遺産分割を発見された遺言書どおりに再分割しなければなりません。

　なお、金融機関において相続手続がすでに終了している場合は、前記「3(4)　遺産分割協議が無効となった場合」（105ページ）を参照してください。

③　成年被後見人が遺言するには、事理を弁識する能力を一時回復したとき、医師２名以上の立会いがなければなりません（民法973条１項）。

④　金融機関は、遺言書が相続人の遺留分を侵害しているかどうかの確認をする必要はありませんし、また、「すべての財産を○○に相続させる」という遺言書の場合以外は、通常はその確認はできません（相続財産は預金だけではなく不動産、有価証券、現金、貴金属等、多種多様にわたるのが普通だからです）。また、遺留分権利者が行う減殺請求は他の相続人、受遺者、受贈者に対して行うものであり金融機関に対して行うものではないからです。

　ただし、遺留分について遺留分権利者が減殺請求を行っていること（または、今後行う予定であること）等を金融機関が知った場合は、減殺請求が解決するまで遺言書による預金の相続手続を一時停止するべきでしょう。やむをえず応じる場合は、本部主管部、顧問弁護士等と相談のうえケース・バイ・ケースで対処します。

⑤　遺言者は、いつでも遺言の方式に従ってその遺言の全部、または一部を撤回することができます（民法1022条）。公正証書遺言を行った後に自筆証書遺言を行うケースもあります。

⑥　遺言書が複数ある場合、前の遺言が後の遺言と抵触するときは、その

抵触する部分については後の遺言で前の遺言を撤回したものとみなされます（民法1023条1項）。前の遺言の内容が後の遺言の内容と抵触しない部分は、前の遺言の内容が有効となります。

5 相続人不存在の場合の手続

相続人不存在とは、相続人のあることが明らかではない場合、あるいは相続人全員が相続放棄を行った場合等をいいます。この場合の法的な取扱いおよび金融機関が行う手続は、次のとおりです。

(1) 法的な取扱い

民法の規定に基づいた相続人不存在の場合の取扱いは、次のとおりです。

① 相続人のあることが明らかでないときは、相続財産は法人とします（民法951条）。
② 法人とした場合、家庭裁判所は利害関係人（被相続人の債権者、特別縁故者等）、または検察官の請求により相続財産管理人（通常は弁護士です）を選任し、遅滞なくこれを公告しなければなりません（民法952条1項・2項）。
③ 家庭裁判所は、特別縁故者（被相続人と生計を同じくしていた者、被相続人の療養看護に努めた者、その他被相続人と特別の縁故があった者）の請求により、清算後残存する相続財産の全部、または一部を与えることができます（民法958条の3第1項）。

なお、特別縁故者は、民法958条で定める公告の期間満了後3カ月以内に家庭裁判所に相続財産の分与を請求しなければなりません（民法958条の3第2項）。また、特別縁故者に対する相続財産分与後に処分されなかった相続財産は国庫に帰属します（民法959条）。

(2) 金融機関における手続

前記「(1) 法的な取扱い」に基づく金融機関における手続は、次のとおりです。

① 相続財産管理人から預金の払戻請求があった場合、請求者が相続財産管理人であることを家庭裁判所の「相続財産管理人選任審判書謄本」(214ページ)で、さらに相続預金の払戻許可があることを「許可審判書謄本」で確認のうえ払戻手続を行います。

② 特別縁故者から預金の払戻請求があった場合、家庭裁判所の「相続預金が分与された旨の審判書謄本」を徴求のうえ払戻手続を行います。

③ 上記①、②の相続財産管理人、または特別縁故者に相続預金を払い戻す場合は、印鑑証明書、実印の徴求および運転免許証等による本人確認等を行ったうえで払戻手続を行います。上記の者から預金相続依頼書を徴求する金融機関もあります。

④ 融資があるときは、相続財産管理人が相続債権者(相続財産に属する債務の債権者)等に対し請求の申出をすべき公告期間(2カ月以上)内に融資債権請求の申出を行います(民法957条1項ほか)。

6 限定承認があった場合の手続

相続人が限定承認を行った場合の限定承認の意義、効果、申立方法および金融機関が行う手続は、次のとおりです。

(1) 限定承認の意義、効果

相続人は、相続によって得た財産の限度においてのみ被相続人の債務および遺贈を弁済すべきことを留保して、相続の承認をすることができます(民法922条)。これを「限定承認」といい、これには次の意義、効果があります。

① 相続人は、被相続人の債務が財産よりも多いおそれがある場合、被相続人の財産を限度として債務を弁済することになります。
② 上記①により、被相続人の実際の債務が財産よりも多かった場合であっても相続財産はゼロとなり、相続人は被相続人の債務を相続することはありません。
　また、被相続人の実際の債務が財産よりも少なかった場合は、そのプラス分は相続人に帰属（所属）することになります。つまり、相続人は限定承認を行うと相続財産が最悪の場合ゼロになることはあってもマイナス（債務を相続すること）になることはありません。

(2) 限定承認の申立方法

家庭裁判所に対する限定承認の申立方法は、次のとおりです。
① 相続人が自己のために相続の開始があったことを知った時から３カ月以内に申し立てます（民法915条１項）。
② 申立てを行う場合は、上記①の期間内に、相続財産の目録を作成して家庭裁判所に提出し、限定承認をする旨を申述しなければなりません（民法924条）。
③ 相続人が数人あるときは、限定承認は共同相続人の全員が共同しての・み、この申立てをすることができます（民法923条）。相続人の一部からの限定承認の申立てはできないことになります。
④ 相続人が数人ある場合には、家庭裁判所は相続人のなかから相続財産の管理人を選任しなければなりません（民法936条１項）。相続財産の管理人は、相続人にかわって相続財産の管理および債務の弁済に必要ないっさいの行為を行います（民法936条２項）。

(3) 金融機関における手続

前記「(2) 限定承認の申立方法」に基づく金融機関における手続は、次の

とおりです。

① 限定承認を申し立て、受理されていることを「限定承認審判書謄本」により確認します。
② 相続財産管理人から預金の払戻請求があった場合は、請求者が相続財産管理人であることを家庭裁判所の「相続財産管理人選任審判書謄本」で確認し、払戻手続を行います。
③ 相続人が単独の場合は、相続財産管理人が選任されない場合があるので、この場合は、単独相続人を相手にして預金の払戻手続を行います。
　なお、相続人が数人ある場合には、前記「(2) 限定承認の申立方法④」のとおりです。
④ 上記②、③の相続財産管理人、または単独相続人に対して相続預金を払い戻す場合は、印鑑証明書、実印の徴求および運転免許証等による本人確認等を行ったうえで払戻手続を行います。上記の者から預金相続依頼書を徴求する金融機関もあります。
⑤ 融資があるときは、公告期間（2カ月以上）内に融資債権請求の申出を行います（民法927条1～3項）。

7　預金の相続人を確定（確認）できない場合の手続

被相続人の預金を相続する権利をもつ相続人はたしかに存在しているが、共同相続人のなかの誰がその預金を相続するのか、金融機関では確定できないケースがあります。この場合の対処方法は、次のとおりです。

(1) 相続人を確定できないケース

金融機関が預金の相続人を確定できないケースとしては、次のような場合があります。

① 相続人等から死亡届が提出されたため、金融機関が各種の調査を十分

と思われる程度行ったが預金の相続人の確定ができない場合。外国籍をもつ被相続人、相続人の場合に多く発生します。
② 相続の利害関係が複雑等の理由により、相続人同士で、あるいは相続人と受遺者、受贈者等の間で相続が紛糾していて決着がつかず、いつまで経っても預金の相続人の確定ができない場合。
③ 相続人等から死亡届が提出されたため、預金相続依頼書、戸籍謄本、印鑑証明書等の提出を依頼したが、その後、相続人等からなんら連絡がなく相続手続が進捗しない場合。

(2) **金融機関における手続**

前記「(1) 相続人を確定できないケース」に基づく金融機関の手続は、次のとおりです。
① 法務局（供託所）への弁済供託
　前記「(1) 相続人を確定できないケース　①」の場合、「弁済者（金融機関）が過失なく債権者を確知することができない」ために「債権者不確知」として、相続預金をその預金の契約がある営業店の所在地を管轄する法務局に弁済供託できる可能性があります（民法494条）。
　金融機関としては、弁済供託が可能であれば、それが最も簡便な方法ですが、事情によっては法務局が供託を受理しない場合があります。
　このため、事前に法務局と弁済供託が可能かどうか相談することを勧めます。
② 調停、または審判による相続
　前記「(1) 相続人を確定できないケース　②」の場合、紛糾の決着がつくのを待つか、あるいは後記「8　家庭裁判所の調停、または審判による場合の手続」（120ページ）のように家庭裁判所の調停、審判を通じて確定した相続人等に預金を払戻し、または名義変更することも考えます。なお、決着がつくまでに数年かかることもあり、担当職員も交代し

てしまうので、その間の経緯をきちんと記録しておくこと、引き継ぎを正確に行っておくことが大切です。
③　少額の相続預金に対する手続の特例の利用
　　前記「(1)　相続人を確定できないケース　③」の場合、相続預金金額が少額の場合が多く、相続人も熱心には手続を行いません。金融機関としては、手紙、電話等により相続人に督促して早めに手続をしていただくことを勧めます。
　　また、少額の相続預金に対する手続の特例を認めている場合、積極的にその特例を利用します。後記「9　少額の相続預金の特例による相続手続」(121ページ) を参照してください。

8　家庭裁判所の調停、または審判による場合の手続

　遺産の分割について共同相続人間に協議が調わないとき、または協議をすることができないときは、各共同相続人はその分割を家庭裁判所に請求することができます（民法907条2項）。この場合の取扱いは、次のとおりです。

(1)　調停、審判の効力

　各共同相続人が家庭裁判所に相続財産の分割を請求した場合の調停、審判の順序は、次のとおりです。
①　家庭裁判所は、まず調停を行います。共同相続人が調停内容に合意し、調停が成立すると調停調書が作成されます。合意が調停調書に記載された場合、調停調書は確定した審判と同一の効力を有します。
②　上記①の調停が成立しなかった場合は、自動的に審判手続が開始されます。その結果、家庭裁判所が相続財産の分割を定めて審判書が作成されます。この審判が確定した場合、審判書は確定判決と同一の効力を有します。

(2) 金融機関における手続

前記「(1) 調停、審判の効力」に基づく金融機関の手続は、次のとおりです。

① 調停の場合は、「遺産分割調停事件の調停調書謄本」の提出を受けます。
② 審判の場合は、「遺産分割申立事件の審判書謄本」および審判が確定したことの「審判確定証明書」の提出を受けます。
③ 上記①、②により取り扱う場合、被相続人、相続人の除籍謄本、戸籍謄本は通常は不要です。
④ 調停、または審判により預金の相続が確定した相続人に対して相続預金を払い戻す場合には、印鑑証明書、実印の徴求および運転免許証等による本人確認等を行ったうえで預金の払戻し、あるいは名義変更を行います。上記の相続人から預金相続依頼書を徴求する金融機関もあります。

9 少額の相続預金の特例による相続手続

相続の手続は、いうまでもなく相続人等全員を対象者にして行いますが、相続預金が少額の場合は、特例として相続人の全員を確認することなく相続手続を行うこともあります。

この手続は、自金融機関の事務規定に定められている場合を除き、職員個人の判断で勝手に行うことはできません。事務規定の考え方および取扱方法は、次のとおりです。

(1) 相続人の全員を確認しなくてもよい理由

少額の相続預金の場合に、相続人の全員を確認しなくてもよい理由は、次のとおりです。

① たとえば、相続預金が数千円で、相続人が大勢いる（配偶者、多くの子、

| 第1章 高齢顧客、判断能力に問題のある顧客との取引 | **第2章 相続の手続** | 第3章 トラブル事例集 |

代襲相続人等がいる）ような場合、被相続人が生まれてから死亡するまでの戸籍謄本等、相続人の戸籍謄本（必要な相続人のみ）および印鑑証明書（原則としてすべての相続人）等をとりそろえると、相続預金残高以上の経費と労力が必要となってしまいます。また、一部の相続人が遠方、海外に居住しているような場合は、さらに各種の困難が生じます。

② 上記①のような場合には、相続人が他の金融機関等に提出するために戸籍謄本、印鑑証明書等を所持しており、それらの書類等を流用できる場合は別として、死亡届を金融機関に提出しても、通常は相続人が経費、労力等を考えて、その後の相続手続を行いません。このため、相続預金が未処理のまま残ってしまうことがあります。

③ その結果、相続人は「わずかな金額なのになぜそんなに多くの書類等が必要なのか」と金融機関の対応に不満を抱き、金融機関は睡眠化した相続預金を時効処理するまで残しておかなければならない等、相続人、金融機関の双方に不利益が生じます。

④ 上記①～③の事情を加味すると、相続預金が少額の場合は被相続人の配偶者、子（一部の子）等に払戻しを行えば、他の相続人からクレームがつく可能性はほとんど考えられません。

　また、預金を払い戻した相続人から、「他の相続人から金融機関に苦情等があった場合、すべて私（達）がいっさいの責任を負い、金融機関には迷惑をかけない」旨の念書を徴求しておくことにより、金融機関の危険負担は最小限に抑えられます。上記②、③の事態は発生しなくなります。

(2) 特例による相続手続の対象者および確認

特例による相続手続の対象とする相続人は、被相続人の配偶者がいる場合は必ず対象者とし、配偶者がいない場合は子、配偶者も子もいない場合は直系尊属（第二順位の相続人）までを対象者とします。相続人が兄弟姉妹（第三

順位の相続人）の場合は対象者とせず、正式な相続手続を行うべきです。

配偶者、子等の確認方法は必ずしも戸籍謄本に限らず、住民票の写し、健康保険証、会葬礼状等の原本および死亡者の年齢等から総合的に判断します。

なお、預金相続依頼書は対象者から徴求します。

(3) どの程度の金額までを少額というか

金融機関の事務規定により異なりますが、いままでの経験からすると配偶者に支払う場合は20万円程度まで、子、直系尊属に支払う場合は、10万円（金融機関によってはそれ以上の金額を認めている場合もあります）程度までが妥当な金額と考えられます。

(4) 死亡の事実の確認方法

取引先が死亡した事実の確認は行わなければなりませんが、その方法は必ずしも戸籍（除籍）謄本に限らず、医師の死亡診断書、会葬礼状、葬儀社・葬儀場からの請求書（領収書）等の原本を確認することで行うことも考えてよいと思います。

(5) 取扱いを不可とする場合

前記「(2) 特例による相続手続の対象者および確認」の対象者がいない場合、相続人同士で争っている場合、遺言書、死因贈与契約書等がある場合、その他トラブルの発生が予想される場合等においては、取り扱うべきではありません。この相続手続はあくまでも金融機関の危険負担で行うものですから。

(6) 葬儀費用の名目で払戻しできるか

少額の相続預金は、被相続人の葬儀費用の領収書を相続人から徴求して、その金額の範囲内であるならば葬儀費用という名目で払い戻すケースもある

| 第1章 高齢顧客、判断能力に問題のある顧客との取引 | 第2章 相続の手続 | 第3章 トラブル事例集 |

ようです。しかし、この払戻しは問題があります。

死亡後、間もないときは、相続人から「葬儀費用の支払いのため、相続預金を払い戻したい」との申出があれば、葬儀社等からの請求書等を確認のうえ諸手続を行い相続預金から払い戻すこともありますが、たとえば、死亡の6カ月後、1年後に相続預金を葬儀費用として払い戻すことは、常識的に考えられません。

その払戻しは、虚偽の払戻理由となり、金融機関も当然それを知りながら払い戻すことは相続争いがあるときは、支払いを取り消され、二重払いのおそれがあります。

さらに、金融機関側から、「戸籍謄本等をそろえるのが大変でしょうから葬儀費用という名目で払い戻しましょう」と相続人に虚偽の申出を勧めることは、絶対にあってはならないことでしょう。

後記「10 葬儀費用の払戻請求があった場合の手続」を参考にしてください。

10 葬儀費用の払戻請求があった場合の手続

相続人から、相続が確定する前に被相続人の預金口座から葬儀費用の払戻しを求められることがあります。原則として、これに応じるべきではありませんが、やむをえず応じる場合の手続は、次のとおりです。

(1) 基本的な考え方

原則として、取り扱ってはならない処理であり、「預金の便宜扱い処理による払戻し」と同様な考え方で慎重に臨みます。

その理由としては、①預金は相続開始とともに法定相続分に応じて共同相続人に分割継承されるので、葬儀費用を被相続人の預金口座から払い戻して支払うことは金融機関の危険負担のもとで行うこと、②葬儀費用は相続人の

代表、主な相続人（配偶者等）がいったん立て替えて支払うべきものである等があげられます。このため、信用のある取引先で真にやむをえない、また緊急の場合のみ預金の払戻しに応じます。

> **参考**
>
> 「預金の便宜扱い処理による払戻し」
>
> 　預金の便宜扱い処理は、参考としてあげるとすれば少なくとも下記の5項目すべてが該当する場合のみ実行可能であるという大原則を守らねばなりません。
> ① 預金者本人からの申出であること。
> 　原則として、預金者からの申出であることを確認します。
> ② 緊急性があること。
> 　何日か先の処理でもかまわない場合は、便宜扱い処理は行いません。
> ③ その処理を行わないと顧客に重大な損害を及ぼすこと。
> 　たとえば、その便宜扱い処理を行わないと、顧客が不渡り事故を発生させるとか、倒産する危険がある等の場合です。
> ④ すみやかに正規の帳票を徴求（差替え）できること。
> 　便宜扱い処理は、金融機関の危険負担で行うわけですから、正規の帳票は、できるだけ早く徴求（差替え）します。その期限は、金融機関により異なりますが、現金支払いの場合は、現金と引替えに、その他の場合は、3営業日以内程度に徴求（差替え）するのが適当でしょう。
> ⑤ 承認権限者の承認が得られること。
> 　便宜扱い処理の承認権限は、店長となっている例が多いと思います。事前に店長に相談し、内諾を得ることが肝要です。店長が否といえば、実行できません。

(2) 払戻し時の注意点

葬儀費用の払戻し時に注意すべき事項は、次のとおりです。
① 取引先の死亡を戸籍謄本等の公的書類により確認します。ただし、死後間もないために戸籍謄本等に死亡の事実の記載がない場合は、医師の死亡診断書等の信憑性の高い書類の原本により確認します。遺族宅を役

席が弔問に訪れて確認してもよいと思います。
② 相続人全員の同意（それが不可能な場合は、可能な限り多くの相続人の同意）を得て、「被相続人の預金口座から葬儀費用の払戻しを求めること、事故あるいは他の相続人から金融機関に苦情等があった場合は、すべて私たちがいっさいの責任を負い、金融機関には迷惑をかけない」旨の念書を徴求のうえ払戻しに応じます。念書に使用する印鑑は実印とし、印鑑証明書を添付します。なお、被相続人の配偶者からは必ず同意を取り付け念書に署名、押印等していただきます。
③ 相続人の多くが遠方に居住している等の理由により、念書に署名、押印等できる相続人の数が少ない場合は、念書に保証人を付すことを依頼します。
④ 相続人同士の争い、トラブル等がないことを確認します。
⑤ 現金支払いは極力避け、葬儀社等の請求業者宛ての振込みとします。

(3) 払戻限度額

葬儀費用の払戻限度額は、被相続人の葬儀費用のうち、緊急に支払いを求められている金額の範囲内（請求書があっても緊急性のないものは除きます）とします。ただし、前記「(2) 払戻し時の注意点 ②」で同意を得て念書に署名等した相続人の法定相続分、または遺言書による相続分の合計金額が緊急に支払いを求められている金額よりも少ない場合はその少ない金額の範囲内とします。

11 遺産分割協議が整わない時点で共同相続人のなかの1名から自分の法定相続分の預金の払戻請求があった場合の対応

相続人全員による遺産分割協議が整わない時点で共同相続人のなかの1名から、「自分の法定相続分の預金を払い戻したい」との申出を受けることが

あります。その場合の手続は、次のとおりです。

(1) 相続財産の共有

相続人が数人あるときは、相続財産は、その共有に属します（民法898条）。相続財産である預金は可分債権ですから、相続人の法定相続分について分割継承します（最高裁判決昭29.4）。このため、各相続人は単独で金融機関に対して各相続人の法定相続分の預金の払戻請求を行うことができます。

(2) 金融機関が払戻請求を受理しない理由

金融機関は、遺産分割協議が整わない時点で共同相続人のなかの１名から自分の法定相続分の預金の払戻請求があっても、この請求を受理しないのが現状です。それは、次のような理由からです。

① 各共同相続人の思惑がバラバラで遺産分割協議が紛糾している可能性が高いと考えられます。
② 預金の払戻しを請求してきた相続人の相続分が遺言等により法定相続分よりも少ない場合があります。また、その相続人が相続欠格者、廃除者である可能性があります。
③ 法定相続人以外の受遺者、受贈者がいて、それらの者のとり分だけその相続人の法定相続分が少なくなっている可能性があります。
④ 相続人同士が調停、審判などの係争中である可能性があります。
⑤ 金融機関が相続人同士のトラブルに巻き込まれる可能性があります。

(3) 預金の払戻しを行う場合

前記「(2) 金融機関が払戻請求を受理しない理由 ①〜⑤」の理由により、通常はその相続人の法定相続分の預金の払戻しはお断りしますが、やむをえず払戻しを行う場合は、次の①〜④の確認を行ったうえで本部主管部、顧問弁護士等と相談して慎重に処理します。払戻しは、その相続人に対して印鑑

証明書、実印の徴求および運転免許証等による本人確認等を行ったうえで行います。
① 被相続人の死亡の事実および全相続人を戸籍（除籍）謄本等により確認し、その相続人の法定相続分の預金の金額を確定すること。
② 前記「(2) 金融機関が払戻請求を受理しない理由 ①～⑤」に該当する事実がないこと。
③ 遺言書、死因贈与契約書等がないこと。
④ 遺産分割協議は、少なくともその相続人の法定相続分以上の割合を相続させる旨の協議を行っていること。
(注) その相続人から預金相続依頼書を徴求します。

> **参 考**
>
> 金融機関が共同相続人のうちの1名から遺産分割協議が整わない時点で「自分の法定相続分の預金を払い戻したい」との申出を受けたがそれを断った場合、提訴されると金融機関は敗訴する可能性が高いため、裁判所の判決を待って払い戻す方法もあります。

12 その他の注意事項

死亡（相続）の届けが設定されている被相続人の預金口座に関して相続がまだ確定する前に次のようなケースが生じている場合、または新たに生じることが予期される場合の対処方法、処理方法等については、次のとおりです。

(1) 振込み等があった場合

相続がまだ確定する前の被相続人の預金口座に振込金の入金、入金ずみの振込金の組戻し、取消し、訂正等の依頼があった場合の処理は、次のとおりです。

①　被相続人の預金口座に振込みを受けた場合は、預金規定、振込規定上はそのまま入金できるという考えがありますが、実務上はトラブルを回避するために入金処理（死亡の届けが設定されているため自動入金にはなりません）する前に仕向銀行を通じて振込依頼人に「受取人死亡」の事実を伝えるべきと考えます。

受取人が死亡したこと（振込依頼人はその事実をおそらく知りません）により振込みの必要がなくなり組戻しを行う振込依頼人もいます。

例外として、家賃、駐車場料金、地代等の定期的な振込入金の場合は、前記「Ⅰ1⑷　取引の停止④」（58ページ）および後記「⑵　自動振替、定期的振込口座である場合」を参照してください。

②　入金ずみの振込金の組戻依頼電文を仕向店から受けた場合は、相続が確定する前の場合は相続人等の全員の了承が必要です。

③　入金ずみの振込金の取消依頼電文を仕向店から受けた場合は、相続人等の了承は必要ありませんが、預金通帳（元帳）に取消しを行った記録が残る場合は、その預金を相続した相続人等にその旨事後の説明は必要です。

④　仕向店から訂正依頼電文を受けて訂正を行った場合は、預金通帳（元帳）に訂正を行った記録が残る場合は、その預金を相続した相続人等にその旨事後の説明は必要です。

⑵　自動振替、定期的振込口座である場合

公共料金の自動振替引落し、融資の返済金の自動振替引落しあるいは家賃・駐車場料金・地代等の定期的な振込入金口座である場合は、前記「Ⅰ1⑷　取引の停止　④」（58ページ）および前記「Ⅰ5⑵　融資の相続　②」（66ページ）を参照してください。

できるだけ相続人の申出に添うように、しかも金融機関に迷惑、損害が発生しないように処理します。

| 第1章 高齢顧客、判断能力に問題のある顧客との取引 | 第2章 相続の手続 | 第3章 トラブル事例集 |

(3) 総合口座の貸越金が発生している場合

前記「Ⅰ5(2) 融資の相続 ⑤」(66ページ)に記述したとおり、原則として貸越元利金と担保定期預金との差引計算(払戻充当、または相殺)により、すみやかに貸越元利金を回収しますが、その前に相続人に対して懇切な説明が必要でしょう。相続人から、別途資金により貸越元利金を返済する旨の申出があれば差引計算等をする必要もありません。

(4) 便宜扱い処理の未整理がある場合

前記「10(1) 基本的な考え方【参考】」(125ページ)に記述したとおり、便宜扱い処理の5項目すべてを守って実行している限りは、その預金を相続した相続人等から了承を得ることはむずかしくありません。

たとえば、便宜扱い処理の内容が普通預金の「印鑑なし払戻し」の場合であれば、その預金の相続人から普通預金払戻請求書に請求日付(被相続人が実際に請求した日付)、口座番号、請求金額、署名(被相続人名)および押印(被相続人の普通預金取引印)等を受けます。また、欄外に払戻しを了承した旨の文言の記載、了承日付、相続人の署名および了承印の押印(実印、または相続人の普通預金取引印)を行っていただきます。

次ページの「【便宜扱い処理を整理した預金払戻請求書・部分】(見本)」を参照してください。

(5) 相続預金に対する喪失届

被相続人が生前に預金通帳等の喪失届を提出していた場合、または相続人から預金通帳等が見当たらないとの申出があった場合の手続は、次のとおりです。

① 被相続人が生前に提出していた預金通帳等の喪失届は当然有効です。以後は、当該預金を相続した相続人に対して預金通帳等の再発行等の手

【便宜扱い処理を整理した預金払戻請求書・部分】（見本）

普通預金払戻請求書

次の金額を私の口座からお支払いください。

店番	0	1	2	口座番号	0	1	2	3	4	5	6

金額の頭部に¥記号をご記入ください。

金額	億	千万	百万	十万	万	千	百	十	円
				¥	5	0	0	0	0

　　　　日付　平成2×年　2月1日
　　　　　（被相続人が実際に請求した日付）

おなまえ　お届印

　　　　　甲　野　太　郎　㊞（被相続人の普通預金取引印）
　　　　　　　（被相続人名）

平成2×年2月××日（相続人の了承日付）

上記払戻しを了承しました。
　　　　　甲　野　三　郎　㊞
　　　　（この預金の相続人の署名）（実印、または相続人の普通預金取引印）

　　　　　　　～以下略～

続を引き続き行うことになります。当該預金口座を解約する場合の手続も同様です。なお、被相続人が生前に預金通帳等の喪失届を提出していた場合、もう一度相続人にそれらを捜していただきます。異なった目で捜すと発見されることもあるからです。

② 相続人から「相続した預金の通帳等が見当たらない」との申出があった場合は、通常の喪失に対しての手続を行います。

13 相続関係書類の保管

相続人等から徴求した各種書類、資料、証明書等の保管、管理については責任者が十分注意して行う必要があります。遺言書、遺産分割協議書等のコピー等も同様です。

特に、被相続人、相続人の除籍謄本、戸籍謄本等は、機微情報（センシティブ情報）の最たるものです（機微情報部分は塗りつぶして判読できないようにしてから保管します）。上記書類等が外部に漏れないように管理することは当然ですが、職員であっても関係のない職員はみることができないように、責任者が金庫室の指定された保管個所等に施錠のうえ定められた保管期日まで厳重に保管します。保管期日が経過した場合は、所定の手続を経てシュレッダー等により確実に処分します。

第3章
トラブル事例集

　本章では、認知症等の顧客、あるいは相続に関連する具体的なトラブル事例（身近に発生しやすく、かつ卑近な泥臭い事例ばかりです）をあげて、その問題点、対処方法等を記述しています。対処方法等については、本文の該当箇所と重複する場合がありますが、ご了承ください。

　もちろん、対処方法等は、本章に記述した以外にもいくつもありますから、あくまでも一つの対処例として参考にしてください。

　勤務先で本事例と同じような状況、トラブルが発生した場合の対処方法、解決方法の参考になればと考えます。

　なお、事例中の金融機関名、金融機関職員氏名および顧客等氏名は、あくまでも文章をわかりやすくするための便宜的な呼称であり、実在の氏名等とはまったく関係ありません。

| 第1章 高齢顧客、判断能力に問題のある顧客との取引 | 第2章 相続の手続 | 第3章 トラブル事例集 |

I 認知症等の顧客

ケース1 認知症等の顧客との取引

　A銀行本店窓口に20年来の顧客、広田和子氏（88歳）が来店しました。

　広田氏は1年くらい前から認知症気味の言動が多くなり、1カ月に一度は「預金通帳が失くなってしまった。ハンコが失くなってしまった。今日は何の用事で銀行に来たのだろう」などというようになりました。

　役席の吉田氏は心配になり、終業後に広田氏宅を訪問して、広田和子氏の長男で古くから地元で農業を営む広田一郎氏（65歳）と話し合いました。

　その席で吉田氏は、「この際、平成12年に発足した成年後見制度を利用されてはどうでしょうか。精神に障害がある方が利用できますし、家族の方も安心です」と話したところ、広田一郎氏が「俺のおふくろを精神障害者にするつもりか。隣り近所の噂になるではないか」と怒り出しました。A銀行は、今後どのような対応、手続等を広田氏母子に対して行ったらよいでしょうか。

問題点

(1) 広田和子氏に対するA銀行本店の問題点

❶ いままでの広田和子氏への対応方法、状況（たとえば、預金の払戻しの際や、通帳紛失の申出の時点での判断能力の確認等）に特別な注意を払っていません。

　その結果、1年くらい前からの同氏の言動について、職員の誰もが注意を払わず、その状況を放置して同氏のいいなりに対応、処理してきました。

❷ 広田和子氏が来店した場合、どのような対応をしたらよいか、対応策を検討し、実行する必要があったのに、いずれも実行していません。

❸ 家族等から同氏の取引（特に１年ほど前からの預金の入出金、解約の取引）についてクレームがあった場合、Ａ銀行は不利な立場に立たされる可能性があります。

(2) 広田一郎氏の問題点

特に、地元に古くから住んでいる高齢者のなかには、禁治産制度の時代から成年後見のような制度に対する偏見をもっている人がいるようです。

広田一郎氏は、身内に成年被後見人等がいることを世間がどうみるか、負い目を感じているようです。いまでも「成年後見制度を利用している家族がいると娘の結婚にさしつかえるから」などという考えの親がいますが、完全な誤解です。

(3) 役席の吉田氏の問題点

広田和子氏は精神障害による成年後見制度を利用すべきだと、事務的に決めつける態度を広田一郎氏にとってしまい、家族への気配り、配慮が足りません。

吉田氏にとっては、成年後見制度を勧めることは、ごく通常の業務の一環ですが、勧められた広田一郎氏にとっては家族のプライバシーに関する重大な問題であるという配慮が足りません。

対処方法

❶ 広田和子氏に対しては、本文「第１章Ⅰ１(2) 認知症等の顧客の抽出、リストアップ」〜「２(4) 監視カメラによる撮影」（３〜７ページ）までを参考にして対処します。

❷ 長男広田一郎氏には、次のような説明により、成年後見制度に対する理解を深めてもらうように努めます。

ⅰ．従来の禁治産制度とは異なり、成年被後見人等は戸籍には記載されな

| 第1章 高齢顧客、判断能力に問題のある顧客との取引 | 第2章 相続の手続 | **第3章 トラブル事例集** |

いこと。

ⅱ. 成年後見制度は、毎年3万件以上の利用申立件数があり、近年は次第に社会的に認知されつつあること。

ⅲ. 広田和子氏が制限行為能力者になることにより、主に高齢者をターゲットとした悪質な詐欺商法等に騙されて高額な物品の購入を行った場合、あるいは必要もない高額商品を勝手に買ってしまった場合等でも、成年後見人等がこれらを取り消すことが可能なので被害をなくすことができ、安心であること。

❸ 役席の吉田氏と広田一郎氏との間には、感情的な対立が発生してしまっています。感情のもつれを解決することはむずかしく、吉田氏が、「真に顧客のために成年後見制度をお勧めしています」という誠意、信念および家族への気配りをもって広田一郎氏に対し誠実に説明を行う態度をとる、ということが問題の解決の糸口になります。

ケース2　認知症等の顧客の家族との取引

　A信用金庫甲支店に中年の男性が来店し、窓口係の大田さんに田中春子氏（88歳）名義の普通預金（現在残高61万円）から60万円の払戻請求を行いました。

　A信用金庫は、普通預金等からの50万円以上の払戻しは「本人確認書類等により本人確認ならびに本人の意思確認を行わなければならない」内規となっているので、大田窓口係が本人確認のための各種書類の提出を求めると、来店者は「田中春子の長男の石井一郎」と名乗り、運転免許証を提示しました。運転免許証の住所は、田中春子氏の届出住所とは異なっています。

　大田窓口係が、本人が来店されない理由を聞くと「母は20日くらい前から認知症気味で病院に入院している。その入院費を支払う必要がある。私は長男なのだから文句をいわずに支払え」といっています。

　大田窓口係は、田中春子氏とは面識があり、1カ月程前には元気で来店された記憶がありました。

　大田窓口係から事情を聴いた役席の飯島氏が、石井氏に「お母さんが入院している病院の名前と、石井氏が母親と苗字が異なる理由を教えてください」といったところ、「そんなプライバシーに関することは教えられない」と突っぱねられました。A信用金庫としては、このような場合、どのような対応、手続等を行ったらよいでしょうか。

問題点

❶　A信用金庫は、普通預金等からの50万円以上の払戻しの際は、「本人確認書類等により本人確認ならびに本人の意思確認を行わなければならない」内規があります。この内規は遵守しなければなりません。この内規をいかに納得してもらうかが問題となります。

❷　来店者の石井一郎氏は、運転免許証により本人と確認されましたが、田

| 第1章 高齢顧客、判断能力に問題のある顧客との取引 | 第2章 相続の手続 | **第3章 トラブル事例集** |

中春子氏の長男であるとの確認はできません。苗字も異なり、住所も田中春子氏の届出住所と相違しているので、債権の準占有者への支払い（民法478条）での免責は困難です。

❸ 大田窓口係は、1カ月程前には田中春子氏が元気で来店された記憶があります。このため「20日くらい前から認知症気味で病院に入院している」との石井一郎氏の申出には疑問があり信憑性に欠けます。

❹ 可能性としては、石井一郎氏が田中春子氏の普通預金通帳、印章を本人に無断で持ち出し、払戻請求を行っていることも考えられます。

対処方法

❶ 預金の払戻しが有効となるためには、本人、代理人あるいは使者に払い戻すことが必要です。今回の事例は、それらの払戻しのうちのどれに該当するか見極めることが重要です。

❷ 「50万円以上の払戻しは本人確認書類等により本人確認ならびに本人の意思確認を行わなければならない」と定められた内規がある以上はそれを、遵守しなければなりません。その根拠となる普通預金規定等を十分説明する必要があります。

> **参考：普通預金規定（例）**
>
> 第X条（預金の払戻し）
> (1) この預金を払い戻すときは、当社（当金庫、当組合等）所定の払戻請求書に届出の印章（または署名・暗証）により記名押印（または署名・暗証記入）してこの通帳とともに提出してください。
> (2) 前項の払戻しの手続に加え、当該預金の払戻しを受けることについて<u>正当な権限を有することを確認するための本人確認書類の提示等の手続を求める</u>ことがあります。この場合、当社（当金庫、当組合等）が必要と認めるときは、<u>この確認ができるまでは払戻しを行いません。</u>（アンダーラインは筆者）

❸　石井一郎氏によると、田中春子氏は病院に入院しており、病院からの請求に基づきその入院費を支払う必要があるとのことなので、現金での払戻しは行わず病院の預金口座宛てに入院費を振り込むようお願いすることも一つの方法です。

❹　この事例では、石井一郎氏への60万円の現金による払戻しは、預金者本人からの請求ではないのはわかっているので、石井一郎氏が田中春子氏から正当に依頼された代理人等であることの確認ができない限りできません。

❺　田中春子氏の自宅に電話して確認する方法は、石井一郎氏が「母は病院に入院している」といっているので石井一郎氏が了承しないと思いますが、石井氏に内緒で田中春子氏に電話する方法もあります。田中春子氏が電話に出れば、石井一郎氏は虚偽の申出を行ったことになります。

❻　病院に対する入院費の支払いは、通常は一刻を争うものではありません（医療費が1割負担であれば、60万円は高額と考えられます。また、現在は高額療養費が現物給付化されています）。役席の飯島氏が田中春子氏の自宅、または入院している病院を訪問することにより事実、実態の把握を行い、田中春子氏の意思確認等を行ったうえで普通預金の払戻しを行う必要があると考えます。

❼　田中春子氏が石井一郎氏の話のとおり認知症気味になっていた場合には、本文「第1章Ⅰ2⑴　職員による代筆の注意事項〜⑺　少額預金の払戻しについての考え方」（5〜10ページ）に準じて対応します。

Ⅰ　認知症等の顧客

| 第1章 高齢顧客、判断能力に問題のある顧客との取引 | 第2章 相続の手続 | 第3章 トラブル事例集 |

ケース3 老人ホーム等への入所顧客の代理人との取引

　A信用組合本店窓口に若い男性が来店し、高田秋子氏（80歳）名義の普通預金から2万円の払戻請求をしました。

　青木窓口係は、高田秋子氏とは以前から面識があり、「高田様の代理の方ですか」と聞いたところ、「私は、1カ月程前から高田氏が入所している老人ホームの職員です。高田氏は要介護2で、しかも足が不自由になってしまったため『信用組合に行けないので、私のかわりに普通預金から2万円おろしてきてほしい』、と頼まれたので来ました」といっています。

　A信用組合としては、このような場合どのような対応、手続等を行ったらよいでしょうか。

問題点

❶　この状況では、来店した老人ホームの職員（と名乗る男性）が高田秋子氏名義の普通預金から現金を払い戻す権限を同氏から与えられているのかどうか、A信用組合は判断ができません。

❷　来店した老人ホームの職員によると、高田秋子氏は要介護2の病状なので、このような病状の場合、高田秋子氏は普通預金の払戻しを依頼する意思表示ができるか（判断能力があるのか）を確認する必要があります。

対処方法

❶　金額的には2万円と少額ですが、どんなに少額であっても無権限者に払い戻すことはできません。老人ホームの職員には「後刻老人ホームにお伺いして詳しい話を高田秋子氏本人からお聞きしますから」といって、いったん帰ってもらいます。

❷　要介護2の病状とは、中等度の介護を要する状態で、立ち上がりや歩

行、移動の動作などが自分一人ではできない状態です。また、物忘れや理解力の低下、不足もみられます。役席が老人ホームを訪問し、高田秋子氏および老人ホームの責任者等と話し合って預金の今後の取引方法を定める必要があります。

❸ 本文「第1章Ⅰ3 社会福祉協議会による日常生活自立支援事業の利用」（11ページ）の取扱いに準じて、老人ホームを代理人として今後の取引を行うことも対応方法のひとつです。

| 第1章 高齢顧客、判断能力に問題のある顧客との取引 | 第2章 相続の手続 | **第3章 トラブル事例集** |

ケース4 渉外係担当の認知症等の顧客の息子からの申出

　月曜日の朝9時、シャッターが上がると同時にB銀行乙支店窓口に険しい顔をした50歳前後の男性が来店し、「責任者と話がしたい」との申出を行ったので、役席の大沢氏が急いで男性を応接室に通して話を伺いました。

　男性は大田一郎と名乗り、その話によると「私の80歳の母、大田ハナは独り暮らしだが、4年ほど前からお宅の佐藤という渉外係が来ている。母は、1、2年ほど前から認知症気味だ。母は5年ほど前に亡くなった私の父、大田太郎の普通預金（相続時点での残高3,000万円程度）を相続した。相続後、母の預金を調査したことはなかったが、昨日、母の住まいに行って普通預金通帳をみたら、1年ほど前より500万円から1,000万円単位で払い戻されており、いまはほとんど残高がない。

　母を問い詰めると、『渉外係の佐藤さんに勧められて、銀行の職員しか利用できない特別に利息の高い定期預金を勧められて何回か契約している。佐藤さんからは銀行に内緒の預金なので誰にもいわないでといわれているし、証書や預り書はもらっていない』ともいっていた。いったいどうなっているのか」と激高しています。

　役席の大沢氏としては、このような場合、どのような対応、手続、処理等を行ったらよいでしょうか。佐藤渉外係はまだ渉外係の自席にいます。

問題点

❶　来店者、大田一郎氏の申出を鵜呑みにすることはできませんが、すべて真実を話していると仮定した場合、大田ハナ氏に対する佐藤渉外係の言動は、明らかに不審な面が見受けられます。「銀行の職員しか利用できない特別に利息の高い定期預金にしている」「佐藤さんからは銀行に内緒の預金なので誰にもいわないでといわれている」「証書や預り書はもらってい

ない」等です。

　なお、役席の大沢氏は、来店者の大田一郎氏とは面識がなく、大田ハナ氏の息子だという確認が現状ではとれていません。

❷　4年間という長期間、連続して同一渉外係が訪問していること、また、B銀行乙支店では認識していなかったかもしれませんが、認知症気味の独り暮らしの顧客のところに渉外係が単独で訪問するのを許していることも問題です。

❸　朝9時少し過ぎの時間なので、佐藤渉外係はまだ渉外係の自席にいます。
　役席の大沢氏は大田一郎氏を応接室に通して話を聴いているので、佐藤渉外係は同氏が来店しているのは知りませんし、大田一郎氏が来店した時にみていても、同氏とは面識もないので誰が来たのかはわかりません。

❹　この事例は、職員の不祥事に発展する可能性があり、その対処方法を誤るとB銀行にとって大問題に発展する可能性があります。

対処方法

❶　まず、大田一郎氏が大田ハナ氏の息子であるとの確認を最初に行います。大田ハナ氏名義の普通預金通帳、届出印章等を持参しているようでしたら、それらを確認のうえ大田一郎氏本人の運転免許証等により本人確認を行います。

❷　支店長、渉外担当役席を応接室に呼び同席してもらい、大田一郎氏の了解をとり、同氏の話を役席の大沢氏から説明します。

❸　大田氏の退店後、佐藤渉外係を直ちに応接室に呼んで詰問する方法と、じっくり事実関係を把握したうえで、大田一郎氏の話が事実であった場合には、その事実に基づいて（証拠書類等をそろえて）佐藤渉外係に問いただす方法とがあります。

　前者の場合は、大田一郎氏の話に虚偽、勘違い等があった場合、佐藤渉外係があらぬ疑いをかけられることとなり、上司への不信が増します。大

| 第1章 高齢顧客、判断能力に問題のある顧客との取引 | 第2章 相続の手続 | **第3章 トラブル事例集** |

田一郎氏の話が事実であった場合、突然のことで弁明や言い訳を考える隙がないので、事実関係の追求が行いやすくなります。

後者の場合は、支店長等の責任者および渉外担当役席が大田ハナ氏の自宅を訪問のうえ、大田一郎氏の立会いのもとで、預金者である大田ハナ氏から直接話を聞いて大田一郎氏の申出内容の確認をすることとなります。同時に預金口座の動き等の簡易調査を行い、申立内容との整合性を確認します。

その結果、佐藤渉外係の不祥事が疑われる場合には、直ちに、本部主管部（監査部等）に報告し、支店長が責任者となり、本部、営業店が一体となって詳細な調査を開始します。具体的には、大田ハナ氏の普通預金の出金状況を調査し、出金日当日の払戻請求書から払戻金の行方の調査および本人（佐藤渉外係）の預り書の調査等を行い、事実関係を固めていく必要があります。ここで、横領等の不祥事の疑いがあるときは、内部ルールに基づき全役員への報告ならびにその指示に基づき、第一報として監督当局への報告を行うことになります。

また、将来的には、佐藤渉外係の全訪問先の取引状況等を数年間にわたりすべて調査するなど、徹底した調査が必要になります。

❹ 大田氏の話が事実かどうかは別にしても、B銀行の渉外係に対する体制（主に人事ローテーション）に不備があります。

第一には、渉外係が同一顧客を連続して担当する期間は原則として2年間程度が適当と思われます。また、職員の他店等への転勤は、通常は3～5年程度のローテーションで行われます。顧客は、同一渉外係が長期間担当することを喜ぶ傾向にありますが、その場合は職員と顧客とのなれ合いから不祥事が発生するリスクが高くなります。

第二には、認知症気味の独り暮らしの顧客の住居への渉外係の単独訪問です。

認知症気味の独り暮らしの顧客の住居への訪問は渉外係が複数人で行う

必要があり、金融機関はそれが可能な体制を整えておかなければなりません。

❺　この事例は、上記❸で述べたとおり監督当局への報告を要する不祥事件となる可能性があるので、すみやかに事実関係の調査を行い対処する必要があります。

　このときに注意すべきことは、支店の責任者等が自分達の管理責任への波及をおそれ、事件を事実より軽く、あるいは一部隠蔽して報告を行ったり、苦情を受けているのに、その苦情について本部への報告が遅れたりすることはあってはならないということです。事実は正確に、報告は直ちに行われなければなりません。過大になっても過小になっても、あるいは勝手に推測して報告することも厳禁です。

　最終的には、組織として同種の不祥事を再発させない体制を組み立てて実行することが最も大切なことです。

| 第1章 高齢顧客、判断能力に問題のある顧客との取引 | 第2章 相続の手続 | 第3章 トラブル事例集 |

ケース5 高齢で認知症気味の顧客からの預金担保借入れの申込み

　B信用金庫丙支店窓口に40年来の純預金（1億円程度）取引先である大野一郎氏（80歳）が1人で来店しました。大野氏はガンコで有名な地元の大地主です。

　役席の山口氏が応対したところ、大野氏の話は、何を伝えようとしているのかわかりにくかったのですが、「自分の5,000万円の定期預金を担保にして500万円ほど融資してくれ」ということでした。資金使途を質問しても明確な回答はありませんが、どうやら高価な骨董品（壺）を購入するようです。

　山口氏は、1カ月ほど前に大野一郎氏の長男の大野太郎氏が来店したときに、「うちの親父（大野一郎氏のこと）はこの1、2年来徐々にボケてきて、字もあまり書けなくなってしまったし、しゃべっている内容が、時々つじつまが合わなくなってしまっている」と話していたのを思い出しました。

　役席の山口氏が「500万円は大金なので、一度ご長男の太郎氏とご相談なさってはいかがでしょうか」といったところ、「俺をバカにしているのか。俺はまともだ。俺のカネなのになぜ太郎なんかに相談する必要がある。信用金庫とはもう取引をやめるから、全部解約しろ」と怒り出してしまいました。

　B信用金庫としては、このような場合どのような対応、手続等を行ったらよいでしょうか。

問題点

❶　高齢で認知症気味の顧客からの融資の申込みおよび実行、あるいは預金を担保設定することは、後日、家族等からの申出により裁判所から無効と判断される危険があります。特に今回の場合は、その確率が高いといえます。また、資金使途も明確ではなく、悪徳業者に騙されて価値のない商品を高額で購入させられようとしている気配もします。

❷ 大野一郎氏が成年後見制度を利用しているか、この時点ではわかりません。家族に確認する必要があります。
❸ 親子といえども金融取引は他人です。取引には守秘義務がありますから、長男の太郎氏にこの出来事を話してよいものか判断がつきません。
❹ 大野一郎氏の申出を断ると、1億円程度の預金が流出してしまうおそれがあります。長年の顧客を失うこととなるのと同時に、1億円の預金の流出はB信用金庫としても痛手を被ります。

対処方法

❶ 大野一郎氏の申出をこの場で了解し、定期預金担保で500万円の融資を実行することは到底できません。とにかく、この場はなだめていったん帰ってもらうことが必要です。

融資の実行ができない理由としては、「あいにく、融資の承認者である支店長が外出しておりますのですぐには実行できません。支店長が帰り次第、直ちにご自宅にお伺いします」「お買いになる予定の骨董品をご融資の前にぜひ拝見させていただきたいものです」等が適切でしょう。

❷ その後、支店長と至急相談のうえ支店長、融資担当役席が早急に自宅を訪問します。この際、大野一郎氏を除いて長男の太郎氏と話ができるように前もって太郎氏の了解を得ておきます。

❸ 大野一郎氏が成年後見制度を利用しているかについても太郎氏に確かめます。利用している場合には、大野一郎氏の成年後見人（または、保佐人、補助人）と交渉することになります。

❹ 守秘義務については、大野一郎氏が高齢で認知症気味であること、他人に騙されて大金を失う可能性が大きいこと等の理由により、また、個人情報の保護に関する法律上も個人データを第三者に提供できる例外として、「人の生命・身体又は財産の保護のために必要がある場合であって、本人の同意を得ることが困難であるとき」（同法23条1項2号）に該当すると考

| 第1章 高齢顧客、判断能力に問題のある顧客との取引 | 第2章 相続の手続 | **第3章 トラブル事例集** |

えられるので、太郎氏もしくは警察に相談することも許されるのではないかと考えます。

❺ 大野一郎氏の妻、長男太郎氏などから説得してもらうように仕向けます。支店長等が本人、家族とともに骨董品店の責任者、あるいは訪問販売の場合は骨董品のセールスマンに会って話を聞くことも考えられます。そのときに骨董品（壺）の価値の鑑定ができる専門家を伴うと最善です。

❻ 最悪の場合、預金を解約されてもやむをえませんが、その場合でも現金支払いは避け、後日支払い後の追跡ができるように自己宛小切手、振込等による支払いとすることが肝要です。

ケース6 預金者の長男の妻からの苦情

　火曜日の早朝、B信用組合甲支店窓口に中年の女性が「支店の責任者に会わせろ」と大変な剣幕で怒鳴り込んできました。役席の内田氏がなだめながら応接室に通して応対したところ、「私は山田好子というけれど、信用組合のせいで義母（山田和子）から泥棒扱いされた、どうしてくれる」といっています。

　役席の内田氏が詳しく話を聴くと、その女性は、昨日義母から「10日ほど前に私（義母のこと）の普通預金から50万円をお前が盗んだ、すぐ返せ、警察にいうぞ。信用組合の窓口係の石川さんがそういっているから間違いない」といわれた、とのことでした。

　役席の内田氏がすぐに石川窓口係を呼んで事情を聴くと、「昨日、山田和子様から、『私の覚えがない普通預金の払戻しが50万円ある』との苦情があったので、『お嫁さん（山田好子氏のこと）にでも払戻しを頼んだのではないですか』といった記憶があります」との回答でした。

　山田和子氏は、最近認知症気味となり、被害妄想的な言動が目立つようになって、長男の妻の山田好子氏が自分の普通預金から50万円を勝手に払い戻して盗んだと思い込んでしまったようです。

　なお、この苦情については、石川窓口係は上司にも報告していませんでした。

　B信用組合甲支店としては、どのように対処すべきでしょうか。

問題点

❶　石川窓口係の山田和子氏への昨日の発言は、かなり問題です。認知症気味になると、本事例のように被害妄想的な性格となる場合があります。
　　たとえば、本人は昼食をとったばかりなのに、「嫁は食事もつくってく

I　認知症等の顧客　149

れない」とか、現金、指輪などが見当たらなくなると、「誰かが盗んだ、嫁が盗んだ」などということがあります。本人は病気のため本気で被害にあったと思っているので、これらの言動を防止することはかなり困難です。

❷　石川窓口係は、山田和子氏が認知症気味になってきているということは、その言動、行動等により、ある程度は把握できていたと考えられますが、それについて石川窓口係も甲支店も対応策をなんら講じていません。

❸　顧客から苦情があった場合の対処、報告方法に問題があります。今回の例でも上司に報告もされておらず、窓口係止まりになっています。

対処方法

❶　石川窓口係の山田和子氏への発言「お嫁さんにでも払戻しを頼んだのではないですか」は、不注意な発言だったのはたしかです。

　この発言に対しては、役席の内田氏等が誠意をもって山田好子氏にお詫びする以外にありません。身内をかばうような偏った言い訳はいうべきではありません。

❷　山田和子氏が、「覚えがない」といっている普通預金からの50万円の払戻しについては、当日の伝票の筆跡調査、監視カメラの録画したビデオ映像の再生、当日の担当者の記憶等により、事実関係を調査します。

　その結果、山田和子氏本人が払い戻したことが判明した場合は、役席の内田氏と石川窓口係が自宅を訪問して本人にわかりやすく、しかもやさしい言葉遣いでゆっくりと、かつ根気よく丁寧に説明します。

　説明の場には、山田和子氏の夫と山田好子氏夫婦（山田好子氏の夫は山田和子氏の長男です）等が同席するとよいでしょう。

❸　今後、山田和子氏が来店した場合はどのように対応するかは、前記「ケース１　認知症等の顧客との取引」の「対処方法❶」を参考にして対処します。

❹　顧客からの「問合せ、意見、苦情」（以下、「苦情等」といいます）の処理についての体制が確立されていません。今後は、それらを重視する体制の再構築が必要です。

　顧客からの苦情等については、どんな些細な事項についても記録し、報告するシステムを構築します。その際、営業店の責任的地位の職員（役席等）がすべての苦情等について一元化して管理、対処、処理することが肝要です。

　本部からの牽制方法としては、監査部等の職員が氏名を名乗らず苦情等の電話を営業店にして、それが規定どおり正しく記録、報告されているか調査する金融機関もあると聞いております。

❺　なお、苦情等ではなく、顧客から職員を褒める電話、賞賛・感謝するような電話があった場合にも記録することが必要です。

　往々にして、職員が顧客の関心を引くために規定違反の預金金利を付すとか、過剰な粗品の配布、あるいは本来行うべきではないサービス等を行って顧客から褒められ、感謝される場合があるからです。

| 第1章 高齢顧客、判断能力に問題のある顧客との取引 | 第2章 相続の手続 | **第3章 トラブル事例集** |

ケース7 委任状の真贋

　月曜日の朝一番でB農協本店窓口に中年の男性が来店し、預金者本田ハル氏（90歳）名義の普通預金（残高100万円）から全額の現金払戻しの請求を行いました。

　窓口係の吉田さんは、日頃から本田ハル氏と懇意にしており、いままでに代理人が来たことはなかったので不審に思い「本田様の代理の方ですか」と聞いたところ「私は本田ハルの三男の本田三郎だが、母が腰痛で来られないのでかわりに来た。委任状ももっている」といっています。

　念のため委任状をみせてもらったところ、たしかに普通預金から100万円の払戻しを依頼する旨記載されていましたが、その筆跡は見慣れた本田ハル氏のものとはまったく異なっていました。吉田窓口係はどのように対処すべきでしょうか。

問題点

❶　本田三郎と名乗る人物は、本田ハル氏の息子かもしれませんが、代理人であるかどうかわかりません。預金通帳と印章は本田三郎氏が勝手に持ち出した可能性があります。

❷　本田ハル氏の委任状は、筆跡からみても本人が記入したものとは考えられません。本田三郎氏が本田ハル氏の了解を得ずに、勝手に委任状を作成した可能性があります。

❸　普通預金からの全額払戻しの請求です。このような払戻しを依頼するということは、本田ハル氏の90歳という年齢から推しても通常考えられません。

対処方法

❶　前記「ケース2　認知症等の顧客の家族との取引」を参照し、参考としてください。預金の払戻しについては同一取扱方法、処理となります。

❷　月曜日の朝一番で預金の払戻しに来店する場合は、通常時より事故の可能性が高まります。直ちに上司と相談し、上司から本田三郎氏に対し、本田ハル氏に電話する旨を伝えるべきです。本田三郎氏がそれを断ったり、激怒するようでしたら本人に無断で払戻しをしようとしている証拠です。

❸　上記❷のような本田三郎氏の言動があった場合は、払戻しをお断りします。その理由は、前記「ケース2　認知症等の顧客の家族との取引」の「対処方法❷【参考：普通預金規定（例）】」によります。B農協に「普通預金等からの一定金額以上の払戻しの際は、本人確認書類等により本人確認ならびに本人の意思確認を行わなければならない」との内規がなくても同様です。

❹　委任状は、その権限のない者が勝手に作成することもありうるため、金融機関によっては、委任状を認めていない場合があります。安全面からみると、誰が書いたかわからない委任状を信用して預金の払戻処理を行うことは危険性が非常に高いといえます。

| 第1章 高齢顧客、判断能力に問題のある顧客との取引 | 第2章 相続の手続 | 第3章 トラブル事例集 |

ケース8 振り込め詐欺の疑い

　野村ハナ氏（80歳）は5年ほど前に夫に先立たれ、マンションで独り暮らしをしています。月末日の午後2時半過ぎにC銀行甲支店窓口に来店し、普通預金から300万円の払戻しを請求しました。不審に思った窓口係の伊藤さんが「何にご使用ですか」と聞いたところ「今度、自宅を増築することになったので、大工さんに支払うお金です」とのことでした。
　月末日の閉店間際で窓口が混雑していたこともあり、伊藤窓口係は納得して定められた手続に従い300万円の現金を支払いました。
　数日後、野村ハナ氏の息子と名乗る男性が来店し、「母から電話があり、母が詐欺にあって300万円を騙し取られたことがわかった。どうして普通預金から払い戻す時に窓口で注意してくれなかったのか。母は自宅を増築する資金だといったようだが、マンション住まいなので増築するわけがない、当然おかしいと気づくべきだ。また、独り暮らしの老人が300万円という大金を必要とする理由がないではないか。甲支店の責任だ」といい出しました。
　C銀行甲支店は野村ハナ氏の息子へはいかに対処すべきでしょうか。

問題点

❶　たとえば、息子の名を騙（かた）り、「会社の金を使い込んで、どうしてもすぐに現金が必要だ。代理人を行かせるから渡してくれ」などと高齢者などを騙（だま）す犯罪があります。その場合、犯罪者は、顧客が金融機関の窓口で普通預金から現金を払い戻す際に窓口係に資金使途を聞かれたら「家の改築、増築資金、有料老人ホームの入居金、孫の嫁入り資金、孫の車の購入資金などと窓口係が納得できる理由をいうように」とそそのかしているようです。
　月末日の閉店間際の繁忙時とはいえ、野村ハナ氏がマンションで独り暮

らしをしているのを伊藤窓口係が知っていたとすれば、注意不足の可能性があると思われます。
❷　C銀行甲支店は、振り込め詐欺に対する職員教育、顧客への対策、注意、指導等を徹底して行っていないように思われます。

対処方法

❶　伊藤窓口係は不審を感じたため、野村ハナ氏から一応資金使途を聞いており、その他の手続も事務規定に沿って正常に行っています。このため、道義的責任はともかくとしてC銀行には過失による法的責任はないものと思われます。野村ハナ氏の息子が損害賠償の請求を行う姿勢をみせた場合には、明確にお断りすることになります。

❷　最近は、本事例のような事件が多くなってきています。高齢の顧客が高額な現金の払戻しに来店された場合は、その使途について窓口係が常識的に納得できるものであっても、事情を丁寧に聴取すべきです。場合によっては、上司と相談のうえ家族に連絡することを勧めることも必要です。

　なお、増改築資金の場合は工事を請け負った工務店の名前・見積金額等を、有料老人ホームの入居金の場合は老人ホーム名・料金体系等を、孫の嫁入り資金の場合は結婚式場名・婚約者名等を、孫の車の購入資金の場合はメーカー名・車種等を聞くこと等を励行することにより事故防止ができることがあります。

❸　振り込め詐欺防止対策を確立しておく必要があります。職員全員が参加しての勉強、研修会あるいは地元警察の担当警察官等を招いた講習会等を開催します。また、マニュアルにより対拠方法を職員に十分徹底させることも大切です。

第1章 高齢顧客、判断能力に問題のある顧客との取引	第2章 相続の手続	第3章 トラブル事例集

ケース9 来店しなくなった高齢女性顧客

　C信用金庫乙支店の預金担当役席の高橋氏は、帰宅するため夏の午後6時頃徒歩で私鉄の駅に向かっていました。ふとみると一軒の家の前に以前よく乙支店に来店していたので顔見知りであった渡辺アキ氏（81歳）が立っていました。

　高橋氏が挨拶すると、やっとC信用金庫の職員だと思い出してくれました。

　「最近お見えになりませんね」と高橋氏が尋ねると「このごろ足が悪くなり、長い距離を歩くのがつらくて信用金庫にも行けないけど、窓口係の岡田花子さんが夜間に来てくれているから不自由はしていません。昼の間に、普通預金から現金をおろして自宅まで届けてほしい、と電話すればその日の夜にお金は届けてくれるし、この間は定期預金を現金で200万円契約したらとても喜んでくれました。いまは、普通預金通帳やハンコ、定期預金証書も岡田さんに預かってもらっているので、独り暮らしだけど安心です。ただし、『私がやっていることは渡辺さんだけへの特別サービスなので信用金庫の人にはいわないでください』、と岡田さんはいっていました」と話し出しました。

　岡田窓口係の直属上司である高橋氏は、渡辺アキ氏が話したような事実を岡田窓口係からは何も聞いていませんでした。高橋氏は渡辺アキ氏の話に対してどのように対処したらよいでしょうか。

問題点

❶　直属上司である高橋氏に対して、岡田窓口係が渡辺アキ氏の件を何も話していないことは大きな疑問です。

❷　窓口係が独り暮らしの顧客の自宅を夜間訪問して現金を届けるとか、定

期預金の契約現金を預かるとか、さらには預金通帳類、印章などを個人的に預かることは絶対にあってはならないことです。
❸ 渡辺アキ氏の話が事実であるとすると、岡田窓口係の不正が疑われます。また、「渡辺さんだけへの特別サービスなので信用金庫の人にはいわないでください」と岡田窓口係がいっているという話もさらに不正を疑わせます。
❹ 渡辺アキ氏が預けたという定期預金新規契約現金200万円は依頼されたとおりに定期預金が作成されているのか、普通預金通帳、印章、定期預金証書（定期預金を新規に作成していればのことです）はどこに隠匿しているのかも問題です。

対処方法

❶ 渡辺アキ氏には、「今日私（高橋）に会ったことを岡田には内緒にしていただきたい」と依頼します。渡辺アキ氏も、岡田窓口係から「信用金庫の人にはいわないでください」といわれているのに、約束に反して高橋氏にいってしまったので岡田窓口係にいうことはないと思います。
❷ 高橋氏は、直ちに上司である支店長、次長に今回渡辺アキ氏から聞いたことについて至急ありのままを電話等で（上司がまだ支店にいるようでしたら支店に引き返して）報告し、その指示を待ちます。
❸ 渡辺アキ氏の普通預金通帳、印章等は、岡田窓口係の自宅あるいは乙支店の自分のロッカー等に隠匿している可能性が高いと思われます。
　また、定期預金証書等の未使用重要用紙の管理にずさんな面がないか、在庫数は一致しているか等を調査する必要も生じます。
❹ 前記「ケース4　渉外係担当の認知症等の顧客の息子からの申出」の「対処方法❸、❺」に準じた調査、処理を行います。

| 第1章 高齢顧客、判断能力に問題のある顧客との取引 | 第2章 相続の手続 | **第3章 トラブル事例集** |

ケース10 高齢女性顧客への窓口係の何げない一言

　C信用組合丙支店窓口係の高木さん宛てに中年の女性が訪ねてきました。女性のいうことには「昨日、義母（加藤トヨ氏80歳）が信用組合から帰ってきてから元気がないのでわけを尋ねたら、『もう信用組合の窓口には来ないでくれと高木さんにいわれた。信用組合に行くのを楽しみにしていたのに』といっている。どうなっているのか。私は加藤トヨの長男の妻の加藤好子です」とのことでした。

　高木窓口係は、昨日普通預金から10万円の払戻しの請求を加藤トヨ氏から受けたときに、「窓口よりもATMで払い戻すほうが簡単で早いですよ」と話したが、加藤トヨ氏はそれを「窓口に来ないでくれ」と受け取ってしまったようです。高木窓口係、丙支店はどうしたらよいでしょうか。

問題点

❶　特に、高齢者のなかには、金融機関の窓口に行って孫娘のような窓口係と対話するのを楽しみにしている人がいます。時間にせかされているわけではないので、簡単で早いからといってATMを利用する必要はまったくないのです。高木窓口係は、高齢者のそのあたりの心理が全然わかっていません。

❷　女性の高齢者のなかには遠慮深く、他人への思いやり、謙譲の心をもった人々が多くいます。しかし、窓口係の何げない一言が、そのような人々の心を傷つけることがあります。

対処方法

❶　高木窓口係は、加藤好子氏に対しては、加藤トヨ氏にいったことは「ATM利用のほうが通帳も不要だし、払戻請求書の記入や押印をする必要

もなく簡単にしかも早く現金を引き出せます」といったのであって、決して窓口に来られるのが嫌だとか、ATMを利用しなければならないといったのではないことを説明し理解していただきます。
❷　当日の窓口業務終了後、支店長と高木窓口係が加藤氏宅を訪問し、上記❶の説明および「支店に来られたらいつでも大歓迎します」と加藤トヨ氏に丁寧に伝えます。

参考1

　本事例とは異なる事例となりますが、高齢者の顧客のなかには、自分の気に入った窓口係と話をしたいために、用事もすんだのにいつまでも窓口を離れない、あるいはロビーの椅子に座って長時間過ごす方もいます。これらの方の対処方法はむずかしく、それとなくロビーマネージャーあるいは気がついた職員から「次のお客様がお待ちなので」もしくは「ご用はおすみでしょうか」等伝える方法をとるしかありません。

参考2

　平成の初めの時代でしたが、筆者がある大手の銀行の支店窓口に3万円の普通預金の入金を依頼しました。
　手続が終わって呼ばれたので窓口に行くと、窓口係の女性が、「今回はご入金をお受けしますが、次回のご入金はATMをご利用してください」と、いかにも窓口で少額の現金を入金されるのが迷惑だ、というような態度でいわれたことがありました。
　当時はまだ若かったけれども、ATMが好きではなく、窓口入金を依頼したわけですが、「取引実績もほとんどない少額預金者には冷たい対応をする銀行だな」と思ったことを20年以上も経ったいまでも時々思い出しています。

| 第1章 高齢顧客、判断能力に問題のある顧客との取引 | 第2章 相続の手続 | 第3章 トラブル事例集 |

II 相 続

ケース1 被相続人の取引有無の確認

D信用金庫丁支店窓口に高齢の女性が来店しました。相続で話があるというので、役席の中田氏が応対しました。女性がいうのには、「1カ月ほど前に主人が亡くなったが、こちらの支店に取引があると思うので調べてもらいたい」とのことでした。

中田氏が「預金通帳か、預金証書をおもちですか」と尋ねたところ、「何にもないが、主人が生前この信用金庫の丁支店に取引があるといっていた」とのことです。D信用金庫としては、この申出に対してどのような対応、手続等を行ったらよいでしょうか。

問題点

❶ ご主人が亡くなったということの確認および来店者がその配偶者であるとの本人確認ができていません。

❷ 預金通帳、預金証書も持参しておらず、亡くなったご主人の取引があるかどうか不明なので、取引金融機関を間違えているかもしれません。

❸ 取引の有無が不明なのに、D信用金庫は調査しなければならないのでしょうか、調査するとしたら何年前からの調査を行う必要があるのか等が疑問です。

対処方法

❶ ご主人が死亡したこと、来店した高齢の女性がその配偶者だったことを死亡したご主人の戸籍謄本により確認する必要があります。運転免許証、健康保険証等により女性の本人確認を行うことも必要です。

❷ 高齢の女性が相続人であることの確認ができたら、取引の有無を調査します。

　僚店取引も忘れずに調査します。取引がまったくなかった場合は、取引がないことの証明書を相続人宛てに発行してもかまいません。

　取引がないことの証明書の発行依頼書に使用する印鑑は、本文「第2章Ⅰ4(1)　相続人の場合」(62ページ)によります。

❸ 取引(僚店取引を含みます)があった場合は、死亡届を徴求のうえコンピュータ端末から「相続の届け」(死亡のコード、死亡日等)を設定し、取引を停止したうえで相続に必要な書類等の説明を行います。また、必要に応じて預金通帳、印章等の喪失の手続を行います。

❹ D信用金庫と取引がないと判明した場合、高齢の女性がD信用金庫と他金融機関を間違えている可能性もあり、女性に再確認を依頼します。たとえば、D銀行、D信用組合など名称が類似した金融機関名の場合、あるいは支店名が丁支店と同一で金融機関名はまったく相違(たとえば、E銀行丁支店)する場合等が考えられます。

| 第1章 高齢顧客、判断能力に問題のある顧客との取引 | 第2章 相続の手続 | 第3章 トラブル事例集 |

ケース2　相続人の確認

　D信用組合甲支店に一見反社会的勢力風の若い男性が来店しました。「父親（田中昭雄氏）が死んでこの定期預金を俺が相続したから中途解約しろ」とのことで、戸籍謄本、来店者本人（田中一郎）の印鑑証明書、定期預金証書（額面1,000万円）を窓口に差し出しました。

　役席の山田氏が戸籍謄本をみると、たしかに預金者（田中昭雄氏）は3週間ほど前に死亡しており、その妻も昭雄氏より2年ほど前に死亡していました。戸籍謄本には、田中昭雄氏の子は、続柄長男の田中一郎（25歳・独身）しか記載されていません。もし断ったら、店頭で因縁をつけられるような危険な感じもしています。田中昭雄氏の取引はこの定期預金のみです。山田氏は、田中一郎氏の申出をどう処理したらよいか迷ってしまいました。

問題点

❶　田中一郎氏が差し出した戸籍謄本により相続人の全員が確認できるかが疑問です。また、遺言書等がある可能性もあります。

❷　田中昭雄氏から田中一郎氏が相続したと主張している定期預金は、まだ満期が到来していません。中途解約しなければならないか疑問です。

❸　来店者が反社会的勢力風の感じがしています。店頭で暴れたり居座ったりされた場合は、どのように対処すべきでしょうか。

対処方法

❶　田中一郎氏が差し出した田中昭雄氏の戸籍謄本のみでは相続人の確認は完全とはいえません。定期預金をすぐには支払うことはできません。父親（田中昭雄氏）が生まれてから死亡するまでの連続した戸籍謄本等が必要ですし、遺言の有無等も聴取する必要があります。本文「第2章Ⅰ2　相続

人等からの徴求書類等の一覧表の作成」(59ページ)、「第 2 章Ⅱ 5 (5) 相続の場合に徴求する戸籍謄本、除籍謄本」(97ページ)、「第 2 章Ⅲ 具体的な相続手続」(101ページ)を参考にしてください。

なお、死亡を確認した場合、死亡届を徴求のうえコンピュータ端末から「相続の届け」(死亡のコード、死亡日等)を設定し、取引を停止します。

❷ 相続の手続がすべて完了した場合に定期預金を中途解約することが可能か否かは、Ｄ信用組合の定期預金の中途解約の条件(やむをえないものと認めたとき等)を定めた事務規定等によりその諾否を判断します。

❸ 来店者が反社会的勢力風であっても預金の相続には原則として関係ありません。あくまでも事務規定等に沿った事務処理を行うべきです。他のお客様の迷惑になるから、あるいは怖いからといって相手の要求をのみ、相続の事務手続の一部を免除するような事務規定違反は、金融機関の職員として決して行ってはならないことです。

本文「第 2 章Ⅱ 3 (9) 暴力団員等の反社会的勢力の構成員等がいる場合」(88ページ)も参照してください。

> **参　考**
>
> 　暴力団員による不当な行為の防止等に関する法律(暴力団対策法)が改正、平成24年10月30日から施行され、不当要求などの規制・取締りが強化されています。また、暴力団排除に関する条例が平成23年全都道府県で制定され施行されました。金融機関としても融資、預金、貸金庫規定、協同組織金融機関の定款等に暴力団排除条項を盛り込み、体制づくりも整っています。

| 第1章 高齢顧客、判断能力に問題のある顧客との取引 | 第2章 相続の手続 | 第3章 トラブル事例集 |

ケース3　真の預金者と名乗る者からの定期預金解約の申出

　D銀行甲支店窓口に面識のない中年の女性（前田花子氏）が来店し、総合口座通帳と印章を取り出して、「この総合口座の定期預金100万円を支払ってほしい」との申出を行いました。総合口座は男性（吉田一郎）名義だったので、窓口係の井上さんが「ご本人ではないですね」と聴いたところ、「吉田一郎は4日前に亡くなりました。総合口座の名義は貸しただけです。私のお金を預けたので本当の預金者は私ですから支払ってください」といっています。

　井上窓口係にかわり、役席の伊藤氏が事情を聴いたところ、故吉田一郎氏と前田花子氏とは10年以上前から同居して夫婦同然の暮らしをしていたが、入籍はしておらず、吉田一郎氏には戸籍上の妻と2名の子（2名とも成年に達しています）が遠方に住んでいるとのことでした。吉田一郎氏は50代で心筋梗塞により突然亡くなったので遺言書もないとのことです。

　総合口座の定期預金100万円は自動継続なので、支払いをすると中途解約となります。伊藤氏は、前田花子氏が真の預金者（出捐者）なら、同氏に支払うべきだという気もしましたが、前田花子氏の申出をどう処理したらよいかわからなくなってしまいました。

問題点

❶　前田花子氏は総合口座通帳と印章を持参して自分の預金だと主張していますが、死亡した吉田一郎名義の定期預金を中途解約できるか疑問です。

❷　戸籍上の妻、2名の子は夫あるいは父親である吉田一郎氏の死亡の事実を知っているのか不明です。また、知った場合、前田花子氏に対してどのような手段に出るのか不明です。

対処方法

❶　D銀行が預金名義人（吉田一郎氏）の死亡の事実を前田花子氏から聞いた以上は、現状ではこの総合口座の定期預金を支払うことはできません。通常の場合であれば相続手続によりこの総合口座を相続した相続人に支払いますが、前田花子氏はこの総合口座は名義を貸しただけで本当の預金者は自分であると主張しています。D銀行がこの総合口座の真の預金者（出捐者）を知ることは不可能に近く、吉田一郎氏の相続人に支払っても前田花子氏に支払っても、どちらか一方からクレームがつく可能性が大であるからです。直ちに預金に対してコンピュータ端末から「相続の届け」（死亡のコード、死亡日等）を設定して取引を停止すべきです。

❷　前田花子氏と戸籍上の妻と2名の子がこの総合口座の相続について話し合うことになると思いますが、話合いがまとまる可能性は低いと考えます。その間、D銀行甲支店は、預金取引の停止を継続することになります。

❸　このような事例の場合は、債権者不確知の理由により法務局に弁済供託する方法も検討の余地があります。本文「第2章Ⅲ7　(2)①　法務局（供託所）への弁済供託」（119ページ）を参照してください。

❹　前田花子氏に同情して、D銀行甲支店が吉田一郎氏の死亡の事実を聞かなかったことにして定期預金100万円の中途解約支払い、あるいは、定期預金は解約せずに総合口座の当座貸越を実行するようなことは絶対に行ってはいけません。

| 第1章 高齢顧客、判断能力に問題のある顧客との取引 | 第2章 相続の手続 | **第3章 トラブル事例集** |

ケース4　本人以外への支払い

　月曜日の開店早々、D農協本店窓口に本店から3キロメートルほど離れた優良取引先（青木正夫氏）の二男、青木次男氏（青木家は一家そろって本店長、役席などと面識があります）が来店し、「父（青木正夫氏のこと）に頼まれたので、父の100万円の定期預金を中途解約してくれ」といって定期預金証書と印章を取り出しました。

　役席の上野氏が事情を聴いたところ、「父が急にカネが必要になったが、父から『大事な客が来ているので、私のかわりに急いで農協に行って定期預金を解約して現金をもってきてくれ』と頼まれた」といっています。預金者本人からの申出ではありませんが、以前から懇意にしている取引先で、二男の青木次男氏とも面識があるので中途解約を了解し、青木次男氏は現金をもって帰りました。

　当日の午後、青木正夫氏の長男、青木一郎氏が来店し、「父が急に土曜日に死んだ。どのような手続をしたらよいか」と話し出したので上野氏が驚いて「朝、二男の次男氏が来て、父から頼まれたといって正夫氏の定期預金100万円を解約していきました」と話したところ、「どうして本人でもないのに解約した。次男は道楽者の浪費者で父から嫌われており、父が生きていてもそのようなことを頼むはずはないのは農協でも知っているだろう」と激怒しています。D農協本店としては、どのように対処したらよいでしょうか。

問題点

❶　青木正夫氏が亡くなっていることをD農協が知らなかったことに過失があるかどうかが問題です。

❷　二男の青木次男氏に定期預金100万円を支払ったことに、D農協として過失があるでしょうか。

❸　長男、青木一郎氏の申出に対してはどのように取り扱うかが最大の問題です。

対処方法

❶　青木正夫氏の死亡をＤ農協が知らなかったことに過失があるかは、本文「第２章Ⅰ１(1)　取引先の死亡を知るケースと注意事項」(54ページ)を参考にしてください。本事例では、青木正夫氏（本店の所在地から３キロメートルほど離れた遠方に住んでいます）の死亡を知らなかったことについてＤ農協の過失はないものと考えられます。

❷　日頃から青木正夫氏の預金の出し入れを二男の次男氏が代理で行っているような事実があれば、Ｄ農協は青木正夫氏の死亡を知らなかったわけですから、今回も代理権があると信じても不思議ではなく、長男、青木一郎氏のクレームを撥ねつけるべきでしょう。表見代理が成立し、債権の準占有者への支払い（民法478条、善意・無過失）として有効と考えられます。

❸　今回、本店が行った定期預金の中途解約手続が、Ｄ農協の定期預金の解約に関する事務規定に沿ったものであればあまり問題はありません。事務規定に違反した処理であった場合は、過失を問われる可能性があります。

❹　以上のことを青木一郎氏によく説明し、将来、青木次男氏が相続する権利があれば、青木正夫氏の相続財産の相続分のなかから、今回中途解約した定期預金100万円分の相続分を差し引いて青木次男氏が相続する方法を長男、青木一郎氏に勧めることも一つの手段です。（遺産分割協議の方法、遺産の取り分等については金融機関は関与すべきではありませんが、本事例では関与もやむをえません）。

| 第1章 高齢顧客、判断能力に問題のある顧客との取引 | 第2章 相続の手続 | **第3章 トラブル事例集** |

ケース5 特別縁故者からの申出

　E銀行甲支店の窓口に面識のない大井ヒサと名乗る中年の女性が来店し、「この定期預金を満期解約してください」といって、佐々木一郎名義の額面40万円の定期預金証書と印章を取り出しました。

　役席の西川氏が事情を聴いたところ、「この定期預金は、私が数年前から介護していた佐々木氏から、『私は身内も身寄りもいないし、あなたには何年も大変お世話になったので私が死んだらこの定期預金をあげるから』といわれ贈与してもらったもので、間違いなく私の預金だから満期解約してください」といっています。佐々木一郎氏は、1週間ほど前に亡くなったということです。

　役席の西川氏が佐々木一郎氏の預金の残高を調査したところ、この定期預金と国民年金などが振り込まれている普通預金（残高3万円）がありました。西川氏は今後どのように対処したらよいでしょうか。

問題点

❶　「預金者佐々木一郎氏は死亡している」と来店者大井ヒサ氏が話しており、また、佐々木一郎氏の定期預金証書と印章をもらったともいっていますが、佐々木一郎氏の除籍謄本、遺贈する旨の記載された遺言書等の証拠書類もなく事実関係がわかりません。

❷　本人以外の者（しかも、相続人でもなく本人を介護していただけの関係の大井ヒサ氏）が払戻しを請求しています。

❸　相続人のいない預金は、E銀行としては今後どのように取り扱うべきでしょうか。E銀行は相続人を捜す必要があるのでしょうか。

対処方法

❶ 「預金者佐々木一郎氏は死亡している」と来店者大井ヒサ氏が話しており、同氏が佐々木一郎名義の定期預金証書と印章をもっているので、E銀行としてはとりあえず直ちにコンピュータ端末から「相続の届け」(死亡のコード、死亡日等)を設定して定期預金、普通預金の取引を停止すべきです。

❷ 大井ヒサ氏は佐々木一郎氏から定期預金をもらったと主張していますが、譲渡性預金を除き普通預金、定期預金等は譲渡できません。また、E銀行の承諾なしでは質入れもできません。この意味からも、大井ヒサ氏がこの定期預金の譲渡を受けて所有者となることは、有効な遺言により遺贈されたときを除いてE銀行としては認めることができません。

定期預金等共通規定（例）

第X条（譲渡、質入れ等の禁止）
(1) この預金および通帳・証書は、譲渡または質入れすることはできません。
(2) 当社（金庫・組合等）がやむをえないものと認めて質入れを承諾する場合には、当社（金庫・組合等）所定の書式により行います。

❸ 原則として、相続人以外からの請求には応じられません。ただし、大井ヒサ氏が佐々木一郎氏の相続人を捜し（弁護士等に依頼しないと無理とは思いますが）、その相続人が佐々木一郎氏の遺産（預金等）を相続した後に、大井ヒサ氏に金員を渡すことを承諾することがあるかもしれません。しかし、それは金融機関の関係することではありません。

❹ 相続人のあることが明らかでない場合、相続財産は法人とします。利害関係人等の請求により、家庭裁判所は相続財産管理人を選任し相続財産管理人は相続財産の清算手続等を行います。

大井ヒサ氏のような特別縁故者（本事例の場合は被相続人の療養看護に努

めた者）が請求すれば、清算後の相続財産の全部または一部をもらうことができます。本文「第2章Ⅲ5　相続人不存在の場合の手続」（114ページ）を参照してください。

❸　佐々木一郎氏の取引は普通預金と定期預金のみですから、E銀行が相続人を捜す必要はありません。該当預金に上記❶のとおり「相続の届け」（死亡のコード、死亡日等）を設定し、大井ヒサ氏から聴いた事情、申出内容等を記録しておけばよいと考えます。

❹　将来的には、債権者不確知の理由により法務局に普通預金と定期預金を弁済供託する方法も考えられます。その場合には本文「第2章Ⅲ7　(2)①　法務局（供託所）への弁済供託」（119ページ）を参考にしてください。

ケース6 葬儀費用の支払い

　E信用金庫甲支店に女性から電話がありました。「私は上田一郎の長女、上田花子ですが、貴店に普通預金取引のある同居している父が一昨日亡くなったので、一応連絡します。ただ、普通預金通帳とハンコ、キャッシュカードが見当たらないのですが」とのことでした。

　E信用金庫甲支店では、いったん電話を切って上田一郎氏の取引状況を調査したところ甲支店の普通預金（残高101万円）のみの取引であることが判明しました。そのため、上田一郎氏の届出電話番号に電話して上田花子氏に対し、普通預金の取引を停止することと、普通預金通帳と印章、キャッシュカードの紛失届を設定しておくこと、さらには相続手続に必要な書類などを説明し、なるべく早く正式な死亡届、紛失届を提出していただくように依頼しました。

　数日後、上田一郎氏の長男と名乗る人物が来店し、「父の葬儀費用を支払いたいので100万円下してくれ」といって上田一郎名義の普通預金通帳と印章を取り出しました。E信用金庫甲支店では、今後どのように対応すべきでしょうか。

問題点

❶　長男と名乗る人物が、上田一郎氏の相続人であることの確認ができません。また、上田一郎氏の普通預金通帳と印章は、長男と名乗る人物が勝手に持ち出した可能性が高いと思われます。

❷　長男と名乗る人物が相続人であると判明しても葬儀費用の請求書等もなく、払戻請求金額の100万円が葬儀費用であるということの確認ができません。

　実際は葬儀費用ではなくて、普通預金（残高124万円）のほぼ全額を払い

| 第1章 高齢顧客、判断能力に問題のある顧客との取引 | 第2章 相続の手続 | 第3章 トラブル事例集 |

戻して自分の物にしようとする意図が見え隠れします。

❸ 上田一郎氏の長女、上田花子氏その他の相続人の意思の確認ができていません。

対処方法

❶ 当日の払戻しはできません。葬儀費用の請求書等もなく、相続人のなかの一部からの葬儀費用の払戻請求については、原則としてお断りします。

　金融機関の事務規定には、葬儀費用の払戻しを行う場合の事務手続が定められています。その事務規定に定められた手続、処理を行うことになります。

❷ さらに、普通預金通帳と印章（キャッシュカードも）の紛失届も上田花子氏からの申出により仮に設定ずみなので、その理由にもより払戻しできません。普通預金通帳と印章を発見したという発見届を長男から提出していただき即時払い戻すことも、届出人の上田花子氏およびその他の相続人の了解なしにはできません。

❸ 上田花子氏に連絡する必要があります。おそらく、長男と名乗る人物は普通預金通帳と印章をなんらかの方法により手に入れ、上田花子氏に無断で普通預金の払戻しを求めています。長男、上田花子氏その他の相続人全員で話し合う必要があります。

❹ 葬儀費用の支払等の手続については、本文「第2章Ⅲ10　葬儀費用の払戻請求があった場合の手続」（124ページ）を参照してください。

ケース7 他人名義の預金

　E信用組合本店の取引先川田一郎氏が亡くなった旨の届出が長男の太郎氏からありました。数日後、長男太郎氏が相続手続のため来店し、「父の金庫を整理していたら、森田花子名義の定期預金証書（額面100万円）と「森田」というハンコが出てきた。この定期預金は、名義は異なるけれども父の預金に間違いないので、相続預金として加えてくれ」との申出がありました。森田花子氏は川田一郎氏の何に当たるかはわからないとのことです。E信用組合本店としてはどのように対処すべきでしょうか。

問題点

❶　森田花子名義の定期預金の真の預金者（出捐者）が川田一郎氏であるかどうか判明していません。

❷　E信用組合が森田花子名義の定期預金を川田一郎氏のものとして処理した後に、森田花子氏が実在していて、その定期預金の権利を主張する可能性が考えられます。

❸　平成の初め頃までは、預金者の本人確認は現在ほどには厳格に行っていませんでした。このため、いわゆる借名預金も存在していました。

対処方法

❶　定期預金申込書、印鑑票の筆跡が川田一郎氏のものか調査する必要があります。また、定期預金新規契約、書替え当時に本店に在籍していた担当者（川田氏が渉外係担当先の場合は当時の担当渉外係）の記憶をたどることも必要です。

❷　定期預金の届出住所、電話番号等の確認および訪問等により、預金名義人の森田花子氏が実在しているかどうかの調査を行う必要があります。借

名預金は、ほとんど「通知不要」の届けが設定されています。

❸ 上記❶、❷の調査の結果、川田一郎氏が森田花子名義で定期預金を契約等していた事実が判明した場合および森田花子氏が実在していないことが判明した場合は、同人名義の定期預金の出捐者は川田一郎氏であるとほぼ確認できるので相続預金に加えてもさしつかえないでしょう。

❹ 相続預金に加える際は、相続人全員の連署のある念書を徴求することになります。さらに場合によっては信用のある保証人をつけることも必要です。

❺ 届出住所に森田花子氏が居住している場合は、森田花子氏から「この預金は川田一郎氏の預金であって自分のものではない」旨の申出があれば別ですが、それがなければ川田一郎氏の預金ではない可能性があり、相続預金に加えることには疑問が生じます。

　真の預金者（出捐者）は森田花子氏であり、川田一郎氏は単に定期預金証書とハンコをなんらかの理由で森田花子氏から預かっていただけの可能性もあります。

　その場合の対応は非常にむずかしいことになりますが、①役席等が森田花子氏に対して事情を聴取する。②森田花子氏の了解をとって長男の太郎氏と森田花子氏とが話し合う等があります。

　①の場合は、川田一郎氏が森田花子氏に無断で名義を借りて定期預金を契約していた場合は紛糾します。また、森田花子氏が定期預金は自分のものであると主張することも考えられます。②の場合は、長男の太郎氏と森田花子氏とが話し合うのを拒否したり、話合いが紛糾することが考えられます。いずれの場合でも本部主管部、顧問弁護士等と相談のうえ対処する必要があります。

　なお、本文「第2章Ⅰ5⑴　c　被相続人名義ではない預金の相続」（65ページ）も参照してください。

ケース 8 相続手続終了後の対応

　F銀行本店窓口に中年の男性（山下四郎氏）が来店し、「父（山下昭夫氏）が6カ月前に亡くなったが、こちらに100万円の定期預金があるのがわかったので私の名前に名義変更してほしい」との申出を行い定期預金証書を取り出しました。

　窓口係の山田さんが山下昭夫氏の取引を照会すると、たしかに100万円の定期預金の取引のみあり、相続の届けの設定はされていませんでした。

　山田窓口係が、相続のために必要な書類（被相続人、相続人の除籍（戸籍）謄本、相続人全員の印鑑証明書等）をそろえていただくようにいうと、「相続の手続は、この定期預金抜きでとっくに終わってしまっている。いまさら他の相続人に話を通すのは大変な手間がかかる、どうにかしろ」と怒り出しました。F銀行本店は山下四郎氏との交渉はどのように行ったらよいでしょうか。

問題点

❶　山下四郎氏の申出が真実であるとすると、相続の手続が終了してしまっているので、その申出には同情の余地があるような気もしますが、F銀行としては相続の手続は欠かせません。

❷　F銀行本店は、山下昭夫氏の死亡を知らなかったわけですが、知らなかったことに過失はないといえます。

対処方法

❶　F銀行としては相続の手続を行わない限り定期預金の名義変更、または支払いはできない旨を山下四郎氏に明確に伝えます。相続財産（定期預金）の調査漏れはF銀行の責任ではなく相続人の責任です。コンピュータ端末

Ⅱ　相　続　175

| 第1章 高齢顧客、判断能力に問題のある顧客との取引 | 第2章 相続の手続 | 第3章 トラブル事例集 |

から「相続の届け」(死亡のコード、死亡日等)を設定して定期預金の取引を停止します。

❷　他金融機関の預金あるいは不動産の相続手続等のために取り寄せた除籍(戸籍)謄本、印鑑証明書があればそれをF銀行でも使用できます。ただし、F銀行が定めた有効期限が経過してしまっている場合は、不可とせざるをえません。遺産分割協議書、遺言書等がある場合は、確認させていただきます。

❸　100万円の定期預金について、あらためて相続人等全員が参加した遺産分割協議書を作成していただき、それに基づいて払戻し、または名義変更を行うことになります。山下昭夫氏の死亡の事実を聞かなかったことにして、定期預金100万円を中途解約して山下四郎氏の名義で新規契約することは絶対に行ってはなりません。

❹　F銀行本店が山下昭夫氏の死亡を知っていれば、相続人に相続の手続を行うように連絡したと考えられます。その場合は、相続財産にF銀行本店の100万円の定期預金が加えられたはずで、今回のようなトラブルは発生しませんでした。

❺　仮に、F銀行本店が山下昭夫氏の死亡を知る立場にあったのに、過失により「相続の届け」を設定せず相続人にも連絡していなかった場合は、多少問題ですが、相続の手続を免除する理由にはなりません。本文「第2章Ⅰ1(1)　取引先の死亡を知るケースと注意事項」(54ページ)を参照してください。

ケース9 貸金庫

　F信用金庫本店の窓口に、最近亡くなった長谷川太郎氏の二男の二郎氏が1名で来店し、「父が契約していた貸金庫を開けたい」との申出を行いました。
　役席の森山氏が「相続人の方が全員で来ていただかないと開けられない」旨を伝えましたが、二郎氏は、「どうしても今日中に確認しなければならない書類が貸金庫の中にあるようなので、貸金庫の中をみるだけで、何も持ち出さないから開けてほしい」といって届出印章、貸金庫キーを取り出しました。二郎氏が長谷川太郎氏の相続人であることは、熟知先なので間違いありません。F信用金庫本店としては、どのように対処すべきでしょうか。

問題点

❶　共同相続人のうちの1名による貸金庫の開扉請求は、原則として認めることはできませんが、二郎氏の申出をむげに断ってよいか判断がつきません。
❷　二郎氏だけの請求で貸金庫を開けたことが、後日他の相続人に知られた場合、クレームとならないか心配です。
❸　貸金庫を開けるのを断った場合、二郎氏が困る立場に置かれることが考えられます。

対処方法

❶　本事例の対処方法は、①あくまでも断る、②店長の判断で開扉する、③公平な第三者（公証人、顧問弁護士等）の立会いを求めて開扉する、④本部主管部の判断を仰いで決定する、のなかから選択することとなります。
　①のとおり、あくまでも断わった場合は、二郎氏の心証を害し、今後の取引が困難となります。②のとおり、店長の判断で開扉すると、後日他の

相続人からクレームがつく可能性があり、店長が苦境に立たされることが考えられます。

　結局、③か④の方法が無難です。その場合、「近隣に他の相続人がいる場合は立ち会いを求める」「公証人の立ち会いを求める」〔公証人に「事実実験公正証書」（貸金庫の収納物の有無あるいは収納物の種類、数量などを確認等してその結果を記述する公正証書）を書いてもらう〕、「顧問弁護士等の立ち会いを求める」（顧問弁護士等に事実関係を証明する証明書を書いてもらう）等の方法のいずれかをとって開扉することになると考えます。以上の対処方法のなかでは、公証人の立ち会いを求めることが最適の方法と思われますから、二郎氏にそれを了承してもらうように説得することが大切です。

❷　貸金庫の収納物を絶対に外に持ち出させてはいけません。二郎氏単独で開扉することを認めてしまい、遺言書や高価な動産を持ち出されると、後日他の相続人等から責任を追及されるおそれがあります。

❸　貸金庫に関する事務規定等が本事例のようなケースに踏み込んでいるものはあまりありませんが、事務規定等により対処方法が定められている場合は、その定めに従って取り扱います。

❹　本文「第2章Ⅰ5⑷　貸金庫の相続」(68ページ)も参考にしてください。

ケース10 相続の届けの設定

　G信用金庫乙支店渉外係の齋藤氏は、訪問先の顧客である石田太郎氏は肺癌で余命が数カ月である、と半年ほど前に石田氏の長男の和夫氏から聞いていました。

　金曜日の夕方に、外訪から帰る途中で石田氏宅の前をバイクで通りかかったところ、門前に葬儀用のテントが張られ、喪服の人たちが出入りしていました。

　「やはり石田太郎さんが亡くなったようだ」と齋藤渉外係は思いましたが、帰店を急いでいたこともあり、石田氏宅には立ち寄らず、そのまま帰店しました。帰店後、石田太郎氏の預金に相続の届けを仮に設定するように担当者に依頼しておきました。

　月曜日の朝一番に石田和夫氏が齋藤渉外係宛てに来店し、「父（石田太郎氏）が日曜日に近所のコンビニからキャッシュカードで現金を引き出そうとしたらおろせなかったといっている。どうしてだ」といい出しました。

　齋藤渉外係が驚いて「お父さんはお亡くなりになったのでは？」というと、石田和夫氏が「亡くなったのは伯父で、葬儀を私のところで執り行っただけだ。縁起でもないことをいうな」と、カンカンに怒っています。窮地に立った齋藤渉外係は今後どう対応したらよいでしょうか。

問題点

❶　取引先の死亡を職員が知った場合には、直ちにコンピュータ端末から「相続の届け」（死亡のコード、死亡日等）を仮に設定して取引の停止を行う必要がありますが、誰が亡くなったのかの確認が、先入観があったためにおろそかになりました。

❷　石田和夫氏の怒りはもっともで、釈明が困難です。

| 第1章 高齢顧客、判断能力に問題のある顧客との取引 | 第2章 相続の手続 | **第3章 トラブル事例集** |

❸ G信用金庫は、このような事故の発生を防止するためのマニュアルが整備されていないようです。

対処方法

❶ 石田和夫氏の怒りに対しては、齋藤渉外係が渉外担当役席、支店長ともどもお詫びすること以外にありません。

❷ 職員が取引先の死亡を知ってから相続手続が完了するまでのマニュアルを作成します。そのなかに死亡したことの確認方法、確認者、経過等を記録する下記のような【相続手続進捗状況一覧表】(例)を制定し記録します。

【相続手続進捗状況一覧表】(例)

No.	受付日	死亡者住所・氏名	CIF	死亡日	申出人(関係)	確認方法	確認者印	検印	経過	処理完了日	係印	検印

巻末資料

公的各種資料、書式、証明書等見本一覧

　本一覧は、本文に関係のある公的な各種資料、書式、証明書等の見本を一覧表にしたものです。金融機関の職員として一度は確認し、覚えておかなければならないものです。

1 高齢顧客、判断能力に問題のある顧客との取引

1-① 代理取扱依頼書（兼代理人届）（見本・社会福祉協議会用）

代理取扱依頼書（兼代理人届）（見本）

平成　年　月　日

○○銀行（信用金庫・信用組合等）××店　宛て

　　　　　　　　　　預金者（甲）住所　△県○○市中央区○○町1丁目1番1号
　　　　　　　　　　　　　　氏名　　　山田一郎　㊞
　　　　　　　　　　　　　　　　　　（預金取引印）

　　　　　　　　　　代理人（乙）住所　△県○○市南西区××町3丁目4番5号
　　　　　　　　　　　　　　氏名　社会福祉法人△△社会福祉協議会
　　　　　　　　　　　　　　理事　□□□□　㊞
　　　　　　　　　　　　　　　　　　（法人実印）

　預金者（山田一郎・以下「甲」といいます）と（社会福祉法人△△社会福祉協議会・以下「乙」といいます）は、日常生活自立支援事業に基づく（○○サービス利用）契約を締結しました。
　つきましては、そのサービスの一環として甲は、乙が甲の代理人となり、乙に所属する下記の専門員、生活支援員が甲名義の下記預金の入金、出金等の取扱いを行うことを委任しましたので乙使用印鑑を添えてお届けいたします。
　なお、本取扱いの内容に変更が生じた場合、または、乙との代理人契約を終了する場合には、直ちに甲または乙が書面により貴行（金庫・組合等）にお届けいたします。
　また、本取扱いについては私どもが一切の責任を負い、貴行（金庫・組合等）にはいささかのご迷惑、ご損害をおかけいたしません。

記

預金の種類、口座番号

預金の種類	口座番号
普通預金	１２３４５６

乙使用印鑑

専門員、生活支援員の氏名

専門員	大田二郎
生活支援員	山田一郎

（注）本見本をご使用の際は、社会福祉協議会等と十分協議のうえリーガルチェックを行ってからご使用ください。

1-② 登記事項証明書（後見）

証明書の見本
※印の欄は注釈・説明です。実際の証明書にはありません。

登記事項証明書　【後見】
（後見開始と併せて成年後見人及び成年後見監督人が一人ずつ選任された後，成年後見人が住所の変更をし，成年後見監督人が辞任した場合）

登記事項証明書　　　後　見

後見開始の裁判
　【裁　判　所】○○家庭裁判所
　【事件の表示】平成23年（家）第××××号
　【裁判の確定日】平成24年1月7日
　【登記年月日】平成24年1月17日
　【登記番号】第2012－××××号

※　成年被後見人がした法律行為は，取り消すことができます。ただし，日用品の購入その他日常生活に関する行為（民法9条）や婚姻（民法738条）などの身分行為は取消しの対象となりません。

成年被後見人
　【氏　　名】後見一郎
　【生年月日】昭和20年12月29日
　【住　　所】東京都千代田区九段南1丁目1番15号
　【本　　籍】東京都千代田区九段南1丁目2番地

成年後見人
　【氏　　名】後見太郎
　【住　　所】東京都千代田区九段南1丁目1番10号
　【選任の裁判確定日】平成24年1月7日
　【登記年月日】平成24年1月17日
　【従前の記録】
　　【住所変更日】平成24年1月18日
　　【登記年月日】平成24年1月19日
　　【変更前住所】東京都千代田区九段南1丁目1番4号

※　成年後見人は成年被後見人の財産を管理し，財産上の法律行為について成年被後見人を代表します（民法859条1項）。
　また，成年被後見人がした法律行為を取り消し，または追認することができます（民法120条，122条）。

成年後見監督人であった者
　【氏　　名】成年三郎
　【住　　所】東京都千代田区九段南1丁目1番8号
　【選任の裁判確定日】平成24年1月7日
　【登記年月日】平成24年1月17日
　【辞任許可の裁判確定日】平成24年2月20日
　【登記年月日】平成24年2月23日

※成年後見人等が数人選任されている場合で，事務を分掌するとき又は共同して権限を行使するときは「権限行使の定め目録」が添付されます。

※印の欄は注釈・説明です。実際の証明書にはありません。

　上記のとおり後見登記等ファイルに記録されていることを証明する。
　平成24年3月1日
　　　　東京法務局　登記官　　法　務　太　郎　　㊞

　　　　　　　　　［証明書番号］　2012-0100-00001（1／1）

（出所）　法務局ホームページより

1-③ 登記事項証明書(保佐)

登記事項証明書　【保佐】
(保佐開始と併せて保佐人一人が選任されている場合(ただし、代理権及び民法13条1項所定の行為以外に対する同意権がともに保佐人に付与されていないとき))

証明書の見本
※印の欄は注釈・説明です。実際の証明書にはありません。

登 記 事 項 証 明 書　　　　保　佐

保佐開始の裁判
【裁　判　所】○○家庭裁判所
【事件の表示】平成23年(家)第××××号
【裁判の確定日】平成24年1月7日
【登記年月日】平成24年1月17日
【登記番号】第2012－××××号

※ 被保佐人が、民法13条1項所定の行為(例:重要な財産取引)をするには、保佐人の同意を得ることが必要です。また、同意なく行った場合には取り消されることがあります。
ただし、日用品の購入その他日常生活に関する行為を除きます。

被保佐人
【氏　　名】後見一郎
【生年月日】昭和20年12月29日
【住　　所】東京都千代田区九段南1丁目1番15号
【本　　籍】東京都千代田区九段南1丁目2番地

※ 保佐人は、被保佐人がする民法13条1項所定の行為に対して同意権を有します。また、同意なく行った被保佐人の行為を取り消し、または追認することができます(民法120条、122条)。

保佐人
【氏　　名】後見太郎
【住　　所】東京都千代田区九段南1丁目1番10号
【選任の裁判確定日】平成24年1月7日
【登記年月日】平成24年1月17日

※印の欄は注釈・説明です。実際の証明書にはありません。

※注　保佐人が当然に有する同意権は以下のとおりです(登記事項証明書には記載されません。)。
民法13条1項 [保佐人の同意を要する行為等]
被保佐人が次に掲げる行為をするには、その保佐人の同意を得なければならない。ただし、第9条ただし書に規定する行為については、この限りでない。
一　元本を領収し、又は利用すること。
二　借財又は保証をすること。
三　不動産その他重要な財産に関する権利の得喪を目的とする行為をすること。
四　訴訟行為をすること。
五　贈与、和解又は仲裁合意をすること。
六　相続の承認若しくは放棄又は遺産の分割をすること。
七　贈与の申込みを拒絶し、遺贈を放棄し、負担付贈与の申込みを承諾し、又は負担付遺贈を承認すること。
八　新築、改築、増築又は大修繕をすること。
九　第六百二条に定める期間を超える賃貸借をすること。

※ 保佐人に代理権を付与した場合(民法876条の4第1項)には、代理権目録が添付されます。
※ 保佐人に民法13条1項所定の行為以外に対して同意権を付与した場合(民法13条2項)には、同意行為目録が添付されます。

※ 保佐人等が数人選任されている場合で、事務を分掌するとき又は共同して権限を行使するときには「権限行使の定め目録」が添付されます。

上記のとおり後見登記等ファイルに記録されていることを証明する。
　　平成24年3月1日
　　　　東京法務局　登記官　　法務太郎　　㊞

[証明書番号]　2012-0100-00002 (1/1)

(出所)　法務局ホームページより

（筆者注）　保佐監督人が選任された場合は、下記のとおり「登記事項証明書」の保佐人の次に保佐監督人が記載されます。

```
                    登記事項証明書              　保佐　

    保佐人
    〜省略〜

    保佐監督人
      【氏　　　名】　成年三郎
      【住　　　所】　東京都千代田区九段南1丁目1番8号
      【選任の裁判確定日】　平成24年1月7日
      【登記年月日】　平成24年1月17日
```

1-④の1　登記事項証明書（補助）、代理行為目録、同意行為目録

証明書の見本
※印の欄は注釈・説明です。実際の証明書にはありません。

登記事項証明書　【補助】
　（補助開始と併せて補助人が一人選任された後，さらに一人選任された場合（ただし，同意権は二人に，代理権は一方のみに付与されているとき））

登　記　事　項　証　明　書

[補　助]

補助開始の裁判
【裁　判　所】〇〇家庭裁判所
【事件の表示】平成23年（家）第××××号
【裁判の確定日】平成24年1月7日
【登記年月日】平成24年1月17日
【登記番号】第2012-××××号

被補助人
【氏　　　名】後見一郎
【生年月日】昭和20年12月29日
【住　　　所】東京都千代田区九段南1丁目1番15号
【本　　　籍】東京都千代田区九段南1丁目2番地

補助人
【氏　　　名】後見太郎
【住　　　所】東京都千代田区九段南1丁目1番10号
【選任の裁判確定日】平成24年1月7日
【登記年月日】平成24年1月17日
【代理権付与の裁判確定日】平成24年1月7日
【代理権の範囲】別紙目録記載のとおり
【登記年月日】平成24年1月17日
【同意を要する行為の定めの裁判確定日】平成24年1月7日
【同意を要する行為】別紙目録記載のとおり
【登記年月日】平成24年1月17日

補助人
【氏　　　名】成年三郎
【住　　　所】東京都千代田区九段南1丁目1番10号
【選任の裁判確定日】平成24年1月23日
【登記年月日】平成24年1月30日
【同意を要する行為の定めの裁判確定日】平成24年1月7日
【同意を要する行為】別紙目録記載のとおり
【登記年月日】平成24年1月30日

※ 補助人に代理権を付与した場合（民法876条の9第1項）には，代理権目録が添付されます。

※ 補助人に民法13条1項所定の行為の一部に対して同意権を付与した場合（民法17条1項）には，同意行為目録が添付されます。

※ 審判の内容に応じ，補助人は代理権を有し，または，一定の法律行為（民法13条1項所定の行為のうち一部）について同意権を有します。
　また，同意を要する行為について，同意なく行った被補助人の行為を取り消し，または追認することができます（民法120条，122条）。

※ 補助人には，少なくとも代理権又は同意権のどちらか一方が必ず付与されます（民法15条3項）。

※ 補助人が数人選任されている場合で，事務を分掌するとき又は共同して権限を行使するときには「権限行使の定め目録」が添付されます。

※印の欄は注釈・説明です。実際の証明書にはありません。

上記のとおり後見登記等ファイルに記録されていることを証明する。
　　平成24年3月1日
　　　　　　　東京法務局　登記官　　法務太郎　　[印]

※　実際の証明書では，用紙が数枚にわたる場合，最終頁に認証文のみの用紙が添付されます(4/4)。

[証明書番号]　2012-0100-00003 (1/4)

（出所）　法務局ホームページより

（筆者注）補助監督人が選任された場合は、下記のとおり「登記事項証明書」の補助人の次に補助監督人が記載されます。

　　　　　　　　　　　　　　　登記事項証明書　　　　　　　　　　補助

　　　補助人
　　　　〜省略〜

　　　補助監督人
　　　　【氏　　　名】　　成年四郎
　　　　【住　　　所】　　東京都千代田区九段南2丁目2番2号
　　　　【選任の裁判確定日】平成24年1月7日
　　　　【登記年月日】　　平成24年1月17日

１－④の２　登記事項証明書（代理行為目録）

証明書の見本
※印の欄は注釈・説明です。実際の証明書にはありません。

登 記 事 項 証 明 書（別紙目録）

補　助

代理行為目録

代　理　行　為　目　録

1　被補助人の所有するすべての財産の管理・保存・処分
2　○○府○○市○○町○○番○号老人ホーム○○に関する賃貸借契約の締結・変更・解除
3　預貯金の管理（口座の開設・変更・解約・振込み・払戻し）
4　定期的な収入（家賃収入・年金等の受領）の管理
5　定期的な支出（ローン支払い，家賃支払い・病院費用等）の管理
6　実印・銀行印・印鑑登録カード等の保管に関する事項
7　介護契約等に関する事項
（1）介護サービスの利用契約
（2）老人ホームの入居契約
8　医療（病院等への入院等）契約の締結・変更・解除

※印の欄は注釈・説明です。実際の証明書にはありません。

※　代理権目録には，この目録の別紙として，財産目録や預貯金等目録が添付されることがあります。

登記年月日　平成24年1月17日　　　［証明書番号］　2012-0100-00003（2／4）

（出所）　法務局ホームページより

1-④の3　登記事項証明書（同意行為目録）

証明書の見本
※印の欄は注釈・説明です。実際の証明書にはありません。

登 記 事 項 証 明 書（別紙目録）　　補　助

同意行為目録

同 意 行 為 目 録

1　借財又は保証をなすこと
2　不動産その他重要な財産に関する権利の得喪を目的とする行為をなすこと
3　新築，改築，増築又は大修繕をなすこと

※印の欄は注釈・説明です。実際の証明書にはありません。

※　先に登記された保佐人（補助人）と同じ代理権又は同意権を，後に登記された保佐人（補助人）が行使できる場合，同じ代理権目録等にそれぞれの登記年月日が記載されます。
・平成24年1月17日は，後見太郎に付与された同意権の登記年月日
・平成24年1月30日は，成年三郎に付与された同意権の登記年月日

登記年月日　平成24年1月17日
登記年月日　平成24年1月30日　　　　　［証明書番号］　2012-0100-00003（3／4）

（出所）　法務局ホームページより

1-⑤の1　成年後見制度に関する届出書（例）（平成17年全銀協通達・2種類）

〔参考例1〕

成年後見制度に関する届出書（例）

年　月　日

　　　銀行
　　　支店　御中

本人	おところ		お電話（　－　－　）
	おなまえ	フリガナ	
			（届出印）
補助人 保佐人 成年後見人 任意後見人	おところ		お電話（　－　－　）
	おなまえ	フリガナ	
			（実印）[注]

　私（本人）は、成年後見制度に係る家庭裁判所の審判を受けましたので、貴店との取引について、次のとおりお届けいたします。
　なお、届出内容に変更があった場合には、改めてお届けいたします。
　（1・2については、該当する項番・項目を○で囲んでください。）

1. 同意権（取消権）付与の審判

審判の種類	補助・保佐
同意権（取消権）の内容	・添付資料のとおり。
添付資料	登記事項証明書　・　審判書の銀行届出用抄本（理由部分のみを省略したもの）および確定証明書

2. 代理権付与の審判

審判の種類	補助・保佐・成年後見・任意後見（任意後見監督人の選任）
代理権の内容	・添付資料のとおり。
添付資料	登記事項証明書　・　審判書の銀行届出用抄本（理由部分のみを省略したもの）および確定証明書

3. 現在の取引の種類

4. その他

〔注〕ただし、後見人等が家庭裁判所に選任され、就任したことについては登記により公示されることから、実印および印鑑登録証明書による代理人としての意思確認は改めて行わず、後見人等から、本届出書、成年後見登記に関する登記事項証明書および犯収法が定める本人確認書類の提示・提出によるのみを受けることとしているケースも考えられます。
　詳しくは、取引銀行にご相談ください。

（出所）　平成17年全国銀行協会通達より

1−⑤の2　成年後見制度に関する届出書（例）（平成17年全銀協通達・2種類）

〔参考例2〕

成年後見制度に関する届出書（例）

年　月　日

　　　　　銀行
　　　　　支店　御中

本人	おところ	お電話（　　−　　−　　）
	フリガナ	
	おなまえ	○（届出印）

補助人 保佐人 成年後見人 任意後見人	おところ	お電話（　　−　　−　　）
	フリガナ	
	おなまえ	○（実印）〔注〕

　私（本人）は、成年後見制度に係る家庭裁判所の審判を受けましたので、貴店との取引について、次のとおりお届けいたします。
　なお、届出内容に変更があった場合には、改めてお届けいたします。

(1) 審判の内容（該当する項目を○で囲んでください。）

審判の種類	補助・保佐・成年後見・ 任意後見（任意後見監督人の選任）
	代理権付与の審判・同意権（取消権）付与の審判
代理権・同意権の内容	添付資料のとおり。
添付資料	登記事項証明書　・　審判書の銀行届出用抄本（理由部分のみを省略したもの）および確定証明書

(2) 現在の取引の種類

口座番号をご記入下さい	総合口座	普通	
		定期	
	普通預金		（その他、各行における取引の種類を記す）
	定期預金		・
	当座預金		・

(3) その他

　〔注〕ただし、後見人等が家庭裁判所に選任され、就任したことについては登記により公示されることから、実印および印鑑登録証明書による代理人としての意思確認は改めて行わず、後見人等から、本届出書、成年後見登記に関する登記事項証明書および犯収法が定める本人確認書類の提示・提出によるのみを受けることとしているケースも考えられます。
　詳しくは、取引銀行にご相談ください。

（出所）　平成17年全国銀行協会通達より

1-⑥ 成年後見（保佐・補助）に関する審判書抄本（平成17年全銀協通達・審判書謄本から理由部分の記載を省略した銀行届出用抄本）

（銀行届出用抄本参考例）
平成17年（家）第〇〇〇〇号後見開始申立事件
　　　　　　　　　　　　　　審　　判
　本　籍　　〇〇〇〇〇〇〇
　住　所　　〇〇〇〇〇〇〇
　　　　　　申　立　人　　　〇〇〇〇
　本　籍　　〇〇〇〇〇〇〇
　住　所　　〇〇〇〇〇〇〇
　　　　　　本　　　人　　　〇〇〇〇
　　　　　　　　主　　文
　本人について後見を開始する。
　本人の成年後見人として次の者を選任する。
　　　住　所　　〇〇〇〇〇〇〇
　　　氏　名　　〇〇〇〇〇

　　　　平成17年〇〇月〇〇日
　　　　　〇〇家庭裁判所
　　　　　　家　事　審　判　官　　〇〇〇〇

　　　上記は抄本である（ただし，理由部分のみを省略した。）。
　　　　平成17年〇〇月〇〇日
　　　　　〇〇家庭裁判所
　　　　　　裁　判　所　書　記　官　　〇〇〇〇

（筆者注）保佐、補助の場合は、保佐、補助を開始する旨の審判書抄本を徴求し、確認することになります。
（出所）　平成17年全国銀行協会通達より

1－⑦の1　登記事項証明書（任意後見）、代理権目録

証明書の見本
※印の欄は注釈・説明です。実際の証明書にはありません。

登記事項証明書　【任意後見契約】
（任意後見監督人が選任された後の場合（任意後見契約の効力が生じている場合））

登　記　事　項　証　明　書

任意後見

任意後見契約
【公証人の所属】東京法務局
【公証人の氏名】山田太郎
【証書番号】平成23年第××××号
【作成年月日】平成24年1月5日
【登記年月日】平成24年1月10日
【登記番号】第2012－××××号

※印の欄は注釈・説明です。実際の証明書にはありません。

任意後見契約の本人
【氏　　名】後見一郎
【生年月日】昭和20年12月29日
【住　　所】東京都千代田区九段南1丁目1番15号
【本　　籍】東京都千代田区九段南1丁目2番地

※　任意後見契約が発効しても、本人の行為能力は制限されることはなく、意思能力がある限り、有効な法律行為をすることができます。

任意後見人
【氏　　名】後見太郎
【住　　所】東京都千代田区九段南1丁目1番10号
【代理権の範囲】別紙目録記載のとおり

※　任意後見契約は、任意後見監督人が選任されたときからその効力を生じます（任意後見契約に関する法律2条1項）。
　　任意後見監督人が選任されると、任意後見受任者から任意後見人に表示が変更されます。任意後見契約での代理権を行使できます。

任意後見監督人
【氏　　名】成年三郎
【住　　所】東京都千代田区九段南1丁目1番10号
【選任の裁判確定日】平成24年1月27日
【登記年月日】平成24年1月31日

※　任意後見契約は、1個の契約につき一つの登記記録が作成されます。このため、数人の任意後見人がいる場合に、代理権の共同行使の特約（後見登記等に関する法律5条5号）がないときは、任意後見人ごとに登記記録が作成されます（登記事項証明書も別々になります。）。
　公正証書が任意後見人ごとに作成された場合でも、1通で作成された場合でも、同様です。
　しかし、共同行使の特約がある場合、その任意後見契約は不可分で1個とされるため、登記記録も一つとなり、登記事項証明書上も任意後見人は連名で記載され、「代理権の共同行使の特約目録」が別紙として追加されます。

上記のとおり後見登記等ファイルに記録されていることを証明する。
　　平成24年3月1日
　　　　　　東京法務局　登記官　法務　太郎　㊞

※　実際の証明書では、用紙が数枚にわたる場合、最終頁に認証文のみの用紙が添付されます(3/3)。

［証明書番号］　2012-0100-00005　(1/3)

（出所）　法務局ホームページより

１－⑦の２　登記事項証明書（代理権目録）

証明書の見本
※印の欄は注釈・説明です。実際の証明書にはありません。

登　記　事　項　証　明　書（別　紙　目　録）

任意後見

代理権目録

代　理　権　目　録

１．財産の管理・保存・処分等に関する事項
　・甲に帰属する別紙「財産目録」（※省略）記載の財産及び本契約締結後に甲に帰属する財産（預貯金を除く。）並びにその果実の管理・保存
　・上記の財産（増加財産を含む。）及びその果実の処分・変更
　　　売却
　　　賃貸借契約の締結・変更・解除
　　　担保権の設定契約の締結・変更・解除
２．定期的な収入の受領及び費用の支払に関する事項
　・定期的な収入の受領及びこれに関する諸手続
　　　家賃・地代
　　　年金・障害手当金その他の社会保障給付
　・定期的な支出を要する費用の支払及びこれに関する諸手続
　　　家賃・地代
　　　公共料金
　　　保険料
　　　ローンの返済金
３．生活に必要な送金及び物品の購入等に関する事項
　・生活費の送金
　・日用品の購入その他日常生活に関する取引
　・日用品以外の生活に必要な機器・物品の購入
４．介護契約その他の福祉サービス利用契約等に関する事項
　・介護契約（介護保険制度における介護サービスの利用契約、ヘルパー・家事援助者等の派遣契約等を含む。）の締結・変更・解除及び費用の支払
　・要介護認定の申請及び認定に関する承認又は異議申立て
　・介護契約以外の福祉サービスの利用契約の締結・変更・解除及び費用の支払
　・福祉関係施設への入所に関する契約（有料老人ホームの入居契約等を含む。）の締結・変更・解除及び費用の支払
　・福祉関係の措置（施設入所措置等を含む。）の申請及び決定に関する異議申立て
５．医療に関する事項
　・医療契約の締結・変更・解除及び費用の支払
　・病院への入院に関する契約の締結・変更・解除及び費用の支払

※　代理権目録には、この目録の別紙として、財産目録や預貯金等目録が添付されることがあります。
※　代理行為の一部又は全部につき、任意後見契約の委任者（本人）又は第三者の同意（承認）を要する旨の特約が付されているときは、同意（承認）を要する特約目録が添付されます。

※印の欄は注釈・説明です。実際の証明書にはありません。

登記年月日　平成23年１月10日　　　　［証明書番号］　2012-0100-00005（2／3）

（出所）　法務局ホームページより

1-⑧　身分証明書

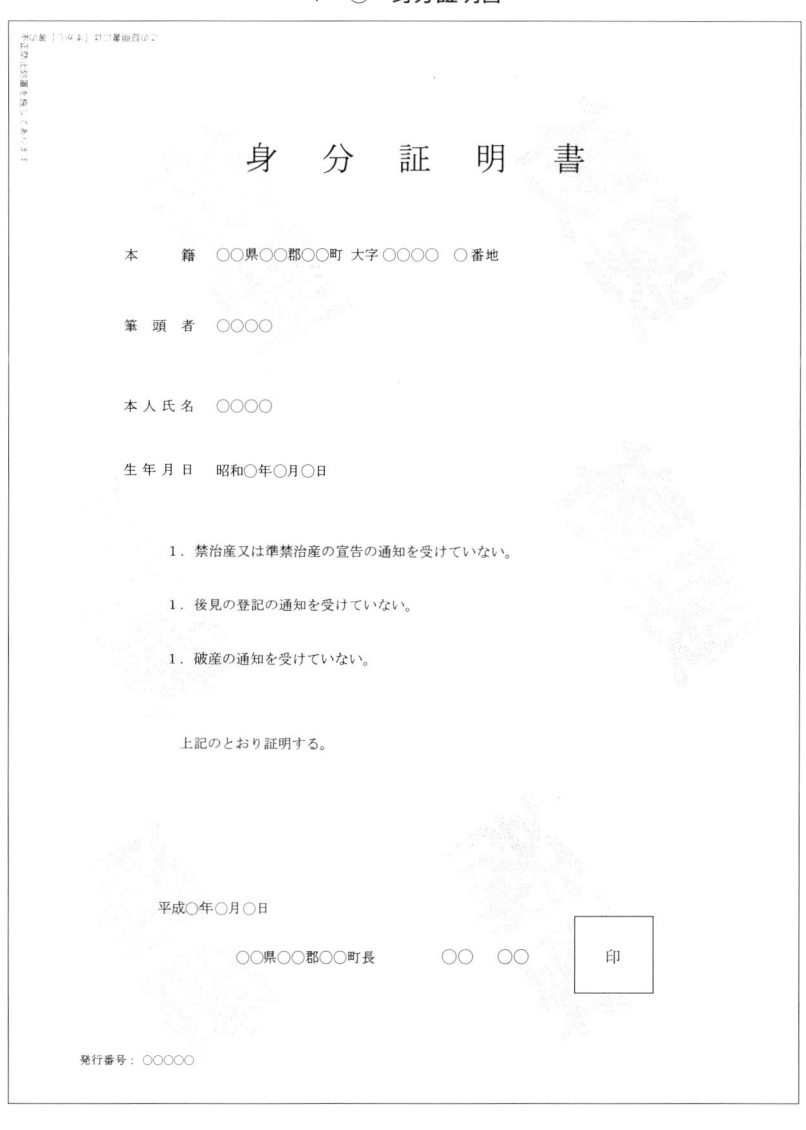

身　分　証　明　書

本　　籍　　○○県○○郡○○町 大字○○○○　○番地

筆　頭　者　　○○○○

本 人 氏 名　　○○○○

生 年 月 日　　昭和○年○月○日

1．禁治産又は準禁治産の宣告の通知を受けていない。

1．後見の登記の通知を受けていない。

1．破産の通知を受けていない。

上記のとおり証明する。

平成○年○月○日

　　○○県○○郡○○町長　　○○　○○　　㊞

発行番号：○○○○○

1-⑨ 登記されていないことの証明書

登記されていないことの証明書

①氏　名	○　○　○　○		
②生年月日	明治 大正 昭和☑ 平成 □ 西暦 または	○○年	○月 ○日

③住所
都道府県名：○○○県
市区郡町村名：○○市
丁目 大字 地番：○○○○ ○丁目○番○号

④本籍
□ 国籍
都道府県名：○○県
市区郡町村名：○○郡 ○○町
丁目 大字 地番（外国人は国籍を記入）：大字 ○○○○ ○番地

上記の者について、後見登記等ファイルに成年被後見人、被保佐人、被補助人、任意後見契約の本人とする記録がないことを証明する。

平成○年○月○日

　　○○法務局　登記官　　　　　○　○　○　○　○　　印

［証明書番号］20○-○○○○-○○○○○

2 相続の手続

2-① 未成年の子と親権者の利益相反行為の「特別代理人選任審判書謄本」(見本)

未成年の子と親権者の利益相反行為の「特別代理人選任審判書謄本」(見本)

平成2×年(家)第○○○○号

　　　　　　　　　　審　判

本　籍　　○○県□×市○○町一丁目2番地
住　所　　××県△△市□□町二丁目3番4号
　　　　　申立人　親権者　甲野○子

本籍及び住所　　申立人と同じ
　　　　　　　未成年者　甲野□男
　　　　　　　平成××年2月2日生

上記申立人からの特別代理人選任申立事件について当裁判所はその申立てを相当と認め、次のとおり審判する。

　　　　　　　　　　主　文

被相続人亡甲野△雄(平成2×年△月×日死亡)の遺産分割をするにつき、未成年者甲野□男の特別代理人として
　　　　本　籍　　○○県××市○○町二丁目3番地
　　　　住　所　　××県△△市□□町三丁目4番5号
　　　　氏　名　　甲田○郎
を選任する。

平成2×年×月○日

　　　××家庭裁判所
　　　家事審判官　乙川○夫

　　　　　　　　本書は謄本である。

　　　同日同庁裁判所書記官　丙野△雄　　[公印]

巻末資料

2-② 不在者財産管理人選任審判書謄本（相続人のうち行方不明者がいるとき）

平成 ○ 年（家）第 ○○○ 号

審　判

本　籍　○○○○○○○○○○
住　所　△△△△△△△△△△△△

　　　　申立人　　　　　○○○○
　　　　同代理人弁護士　○○○○

本　籍　　△△△△△△△△△△△
最後の住所　△△△△△△△△△△△
　　　　不在者　　　　　○○○○
　　　　　　　　昭和○○年○月○○日生

上記申立人からの不在者財産管理人選任申立事件について，当裁判所はその申立てを相当と認め，次のとおり審判する。

主　文

不在者△△△△の財産管理人として
　　　住　所　○○○○○○○○○○○○○
　　　　　　　弁護士　○○○○
を選任する。

　　　平成○○年○月○○日
　　　○○家庭裁判所家事第△部

　　　　　家事審判官　　○○○○

これは謄本である。
平成○○年○月○○日
○○家庭裁判所
家事第△部△係
裁判所書記官　○○○○　印

2－③　相続放棄申述受理証明書

相 続 放 棄 申 述 受 理 証 明 書

被相続人	氏　名	○○○○		
	本　籍	△△△△△△△△△△△△△△△		
申述人	氏　名	○○○○		
	事件番号	平成○年（家）第△△号	申述を受理した日	平成○年△月○日

以上のとおり証明する。
　　平成○○年△△月○○日
　　　○○家庭裁判所
　　　　裁判所書記官　△△△△　　印

2-④　特別永住者証明書

(出所)　法務省入国管理局ホームページより

2-⑤　在留カード

(カード表面)

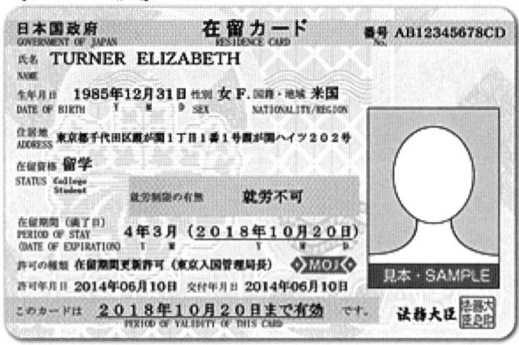

(出所)　法務省入国管理局ホームページより

2-⑥　改製原戸籍謄本（部分）

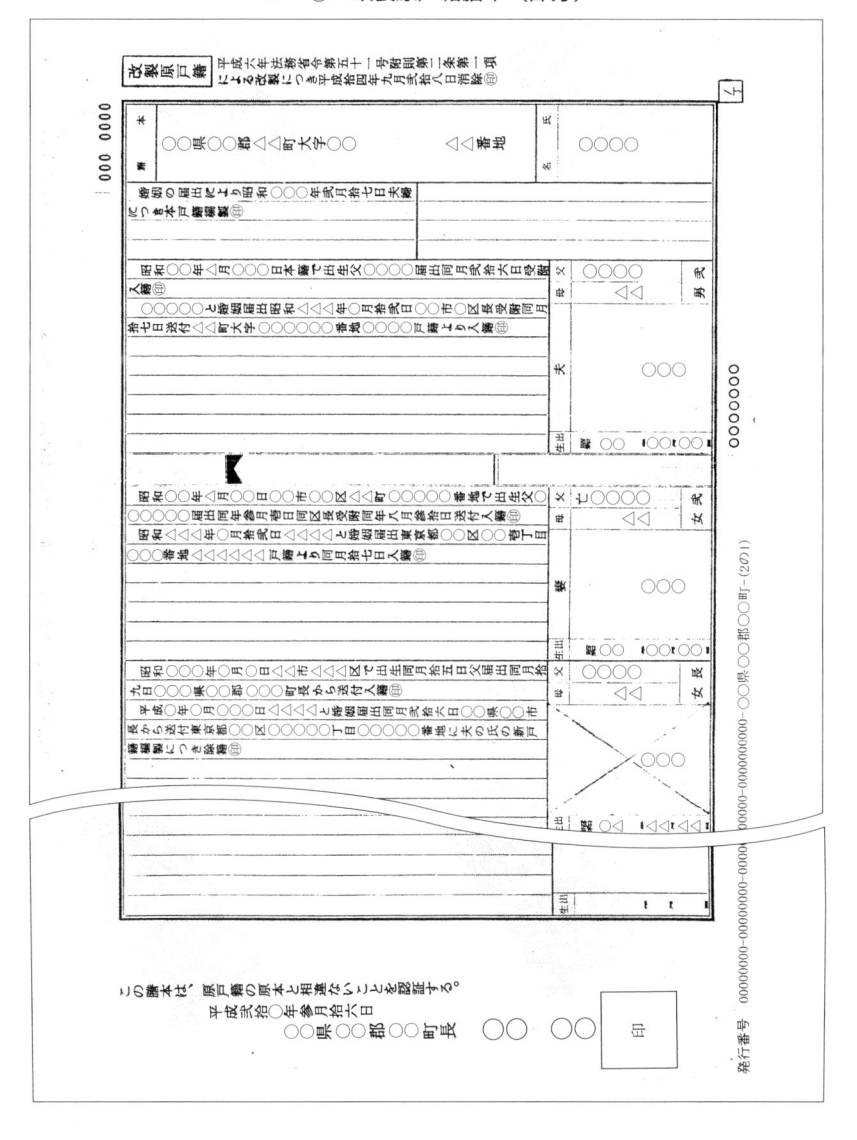

2-⑦　平成6年式戸籍謄本

(2の1) | 全部事項証明

本　　籍	○○県△△郡△△町大字△△△△　△番地
氏　　名	○○○○

戸籍事項	
戸籍改製	【改製日】平成14年9月28日 【改製事由】平成6年法務省令第51号附則第2条第1項による改製

戸籍に記録されている者	【名】○○○○ 【生年月日】昭和○○年○月○○日　　【配偶者区分】夫 【父】△△△△ 【母】○○○○ 【続柄】二男
身分事項 　出　　生	【出生日】昭和○○年○月○○日 【出生地】○○県○○郡○○村 【届出日】昭和△△年△月△△日 【届出人】父
婚　　姻	【婚姻日】昭和○○年○月○○日 【配偶者氏名】○○○○ 【送付を受けた日】昭和○○年○月○○日 【受理者】△△△県△△市△△区長 【従前戸籍】○○県○○郡○○町大字○○○○　○番地　△△△△

戸籍に記録されている者	【名】○○○○ 【生年月日】昭和○○年○月○○日　　【配偶者区分】妻 【父】○○○○ 【母】△△△△ 【続柄】二女
身分事項 　出　　生	【出生日】昭和○○年○月△△日 【出生地】○○○県△△市△△区 【届出日】昭和○○年○月○日 【届出人】父 【送付を受けた日】昭和△△年△月△△日 【受理者】○○○県○○市△△区長
婚　　姻	【婚姻日】昭和○○年○月○○日 【配偶者氏名】○○○○ 【送付を受けた日】昭和○○年○月○○日 【受理者】○○○県○○市○区長 【従前戸籍】東京都○○区○○　丁目○○番地　○○○○

発行番号　00000000-00000000-00000000-○○県○○郡○○町　　　　　　以下次頁

（2の2） 全 部 事 項 証 明

戸籍に記録されている者	【名】〇〇〇〇
除　籍	【生年月日】昭和〇〇年〇月〇〇日 【父】△△△△ 【母】〇〇〇〇 【続柄】長男
身分事項 　　出　生	【出生日】昭和〇〇年△月〇〇日 【出生地】〇〇〇県△△市〇〇〇区 【届出日】昭和〇〇年〇月△△日 【届出人】父 【送付を受けた日】昭和〇〇年〇月〇〇日 【受理者】〇〇〇県△△△市長
養子縁組	【縁組日】平成〇〇年〇月〇日 【養父氏名】〇〇〇〇 【送付を受けた日】平成〇〇年〇月〇〇日 【受理者】△△△県〇〇市〇〇区長 【入籍戸籍】〇〇〇県〇〇市〇〇区〇〇〇〇丁目〇番　〇〇〇〇

以下余白

発行番号　00000000-00000000-00000000-△△県〇〇郡△△町

これは，戸籍に記録されている事項の全部を証明した書面である。

平成〇〇年〇月〇〇日

〇〇県△△郡〇〇町長　　〇〇　〇〇　　印

2−⑧の1　除籍謄本（部分・2種類）

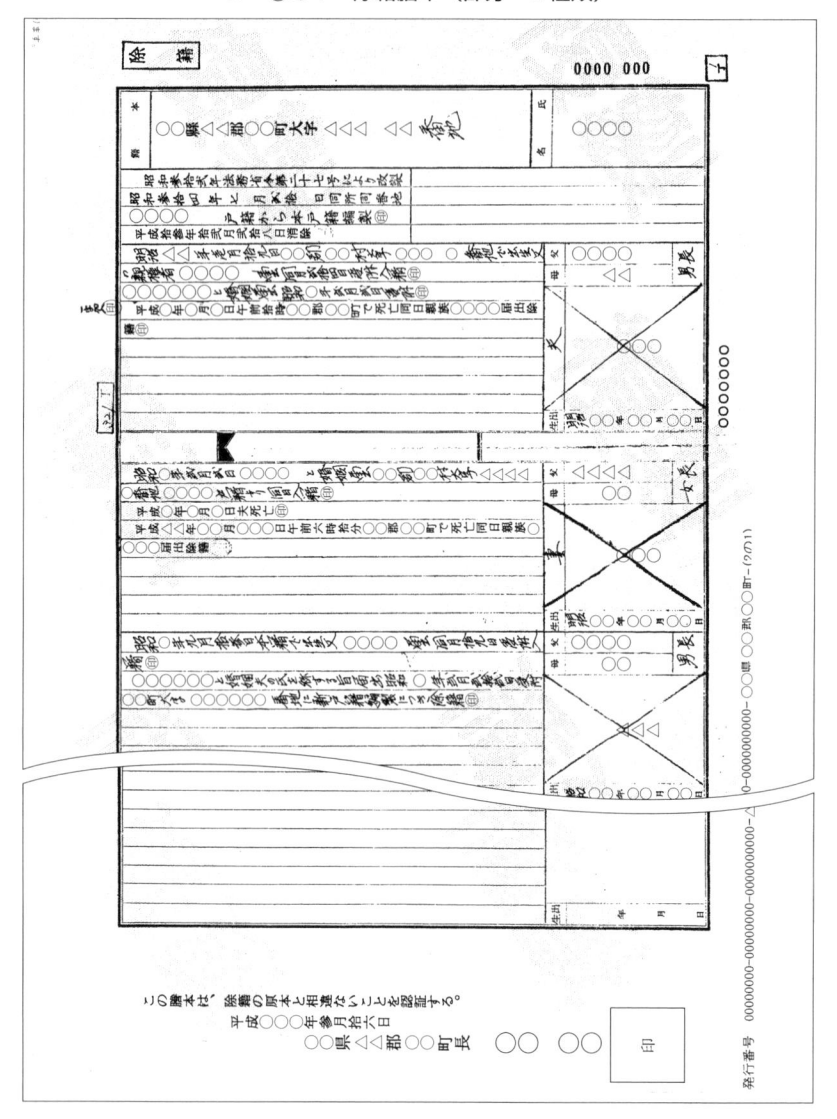

2-⑧の2　除籍謄本（部分・2種類）

除籍謄本（部分・平成6年式戸籍の例）

除　　籍		（2の1）	全　部　事　項　証　明
本　　籍	埼玉県〇〇市中央一丁目2番		
氏　　名	甲田一郎		
戸籍事項 　戸籍改製	【改製日】平成××年9月28日 【改製事由】平成6年法務省令第51号附則第2条第1項による改製		
戸籍消除	【消除日】平成2△年2月15日		
戸籍に記録されている者 　除　籍	【名】一郎 【生年月日】昭和〇〇年1月1日 【父】甲田太郎 【母】甲田花子 【続柄】長男 　　　　　～以下省略～		

2-⑨ 戸籍の附票

(1の1) 　全　部　証　明

改　製　日	平成〇〇年△月〇〇日
本　籍	〇〇県〇〇郡〇〇町大字〇〇〇　〇番地
氏　名	〇〇〇〇

附票に記録されている者	【名】　△△△△
	【住　所】〇〇〇県〇〇〇市〇〇　〇丁目△△番〇号 【住定日】昭和〇〇年〇〇月〇〇日

附票に記録されている者	【名】　〇〇〇〇
	【住　所】〇〇〇県△△△市〇〇　〇丁目〇〇番〇号 【住定日】昭和〇〇年〇〇月〇〇日

附票に記録されている者 　除　籍	【名】　△△△△
	【住　所】〇〇〇県〇〇〇市〇〇　〇丁目〇〇番〇号 【住定日】昭和△△年〇月〇〇日

以下余白

発行番号　00000000
この写しは，戸籍の附票の原本と相違ないことを証明する。

平成〇〇年〇月〇〇日

〇〇県△△郡〇〇町長　〇〇　〇〇　㊞

2-⑩ 戸籍謄本を交付できない旨の告知書（東京都中央区の例）

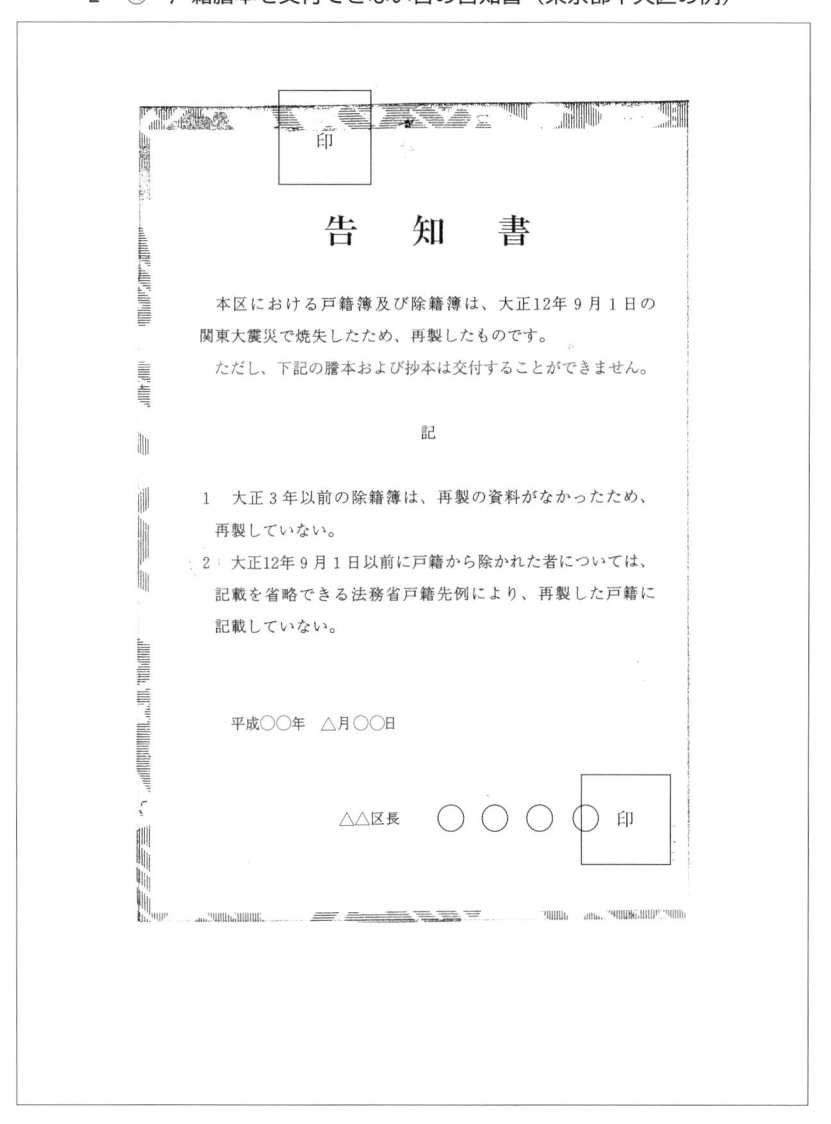

印

告　知　書

　本区における戸籍簿及び除籍簿は、大正12年9月1日の関東大震災で焼失したため、再製したものです。
　ただし、下記の謄本および抄本は交付することができません。

記

1　大正3年以前の除籍簿は、再製の資料がなかったため、再製していない。
2　大正12年9月1日以前に戸籍から除かれた者については、記載を省略できる法務省戸籍先例により、再製した戸籍に記載していない。

平成○○年　△月○○日

△△区長　○○○○　印

巻末資料　207

2−⑪　自筆証書遺言書の「検認済証明書」（見本）

自筆証書遺言書の「検認済証明書」（見本）

この遺言書は、平成２×年〇〇月△△日、平成２×年（家）第１２３４号遺言書検認事件として当裁判所で検認されたことを証明する。

平成２×年〇〇月□△日

〇△家庭裁判所

裁判所書記官　甲野〇男

（筆者注）　家庭裁判所の検認手続が完了すると遺言書に上記の「検認済証明書」が付されます。

2-⑫ 遺言公正証書謄本（遺言執行者あり）

遺言公正証書

謄　本

〇〇〇〇〇

〇〇〇公証役場

平成○○年第△△号

謄本

遺言公正証書

この公正証書は、公証人○○○○が下記の遺言者から遺言の内容を聴取して作成する。

［遺　言　者］

本　　籍　△△△△△△△△△△△△

住　　所　○○○○○○○○○○○○

職　　業　△△△△

氏　　名　○○○○　（不動産登記簿上・○○○○）

生年月日　昭和○年○月○日

［遺言の趣旨］

第1条　遺言者は、遺言者の所有する別紙物件目録1記載の借地権及び同目録2記載の借地上建物、預貯金、現金及びその他一切の財産を遺言者の○○○○○○○○（昭和○○年○月○日生）に相続させる。

第2条　遺言者は、遺言者が連帯保証をした△△△△△△△△○○○○○○○○（○○○○）に対する借入金等債務及びその他の借入金債務等について、○○○○○○○が、長年にわたる自己の貯蓄から返済資金を用立て、所有不動産に設定された根抵当権を抹消するため尽力したうえ、遺言者の生活を

-1-

扶助してくれたことに深く感謝し、遺言者の財産の維持に当たっては、○○の貢献によるところが多いことにかんがみ、この遺言をするものであり、他の相続人が前条に定める相続を了解することを強く望むものである。

第3条　遺言者は、この遺言の遺言執行者として、次の者を指定する。

事務所　○○○○○○○○○○○○○○
　　　　○○○○○○○○○○○○○○
住　所　○○○○○○○○○○○○○○
職　業　○○○○
氏　名　○○○○
生年月日　昭和○○年○月○○日

2　遺言執行者は、本遺言の執行のため、遺言者の有する預貯金及びその他の財産全部について、換価、払戻、名義書換その他遺言の執行に必要な一切の権限を有するものとする。

3　遺言執行者に対する報酬は、相続開始時における財産の状況その他の事情により、遺言執行者が適正に定めたところによるものとする。

以上

［証人］

①住　　所	△△△△△△△△△△△△△△
職　　業	○○○○
氏　　名	○○○○
生年月日	昭和○○年○月○○日
②住　　所	△△△△△△△△△△△△△△
職　　業	○○○○
氏　　名	○○○○
生年月日	昭和○○年○月○○日

［遺言者の確認］

印鑑登録証明書によって遺言者本人を確認した。

［読み聞かせ・閲覧、遺言者・証人の承認及び署名捺印］

　以上を読み聞かせるとともに閲覧させたところ、遺言者及び証人は、各自、本証書の筆記が正確であることを承認し、次に署名捺印する。

遺言者　　　　　　　　○○○○　㊞

証人　　　　　　　　　△△△△　㊞

証人　　　　　　　　　○○○○　㊞

［付記、作成の年月日、場所・公証人の署名捺印］

この証書は、民法第９６９条の方式に従って作成した。

平成○○年○月○○日

○○○○○○○○○○○○○○○・○○○○公証役場

○○法務局所属

　　　公証人　　　　　　○○○○　㊞

(注)　以下、別紙（物件目録）が添付されていますが省略。

　　　これは謄本である。

作　成　日：平成○○年○月○○日

作成場所：○○○○○○○○○○○○○

　　　　　○○○○公証役場

○○法務局所属

　　　公証人　　○○○○○○

2−⑬ 相続財産管理人選任審判書謄本

平成△△年（家）第 ○○○ 号

　　　　　　　審　　判

住　所　△△△△△△△△△△△
　　申立人　　　　　　○○○○

本　籍　△△△△△△△△△△
最後の住所　○○○○○○○○○○○○

被相続人　　　　亡　△△△△
　　　　大正○年△△月○○日生
　　　　平成○○年△月○○日死亡

上記申立人からの相続財産管理人選任申立事件について，当裁判所はその申立てを相当と認め，民法９５２条により次のとおり審判する。

　　　　　主　　文

被相続人亡○○○の相続財産管理人として
　　住　所　△△△△△△△△△△△△
　　（事務所　○○○○○○○○○○○○
　　　　　　　○○○○○○○○○○○○○　　　）
　　弁護士　　△△△△
を選任する。

　　平成○○年○月△△日
　　　○△家庭裁判所家事第△部

　　　　家事審判官　　○○○○

これは謄本である。
平成○○年△△月○○日
△△家庭裁判所
家事第△部○係
裁判所書記官　○　○　○　○　　印

参考図書

　この参考書を執筆するにあたり、下記書籍を参考とさせていただきました。厚くお礼申しあげます。

『高齢者との金融取引Q&A』　関沢正彦　監修（金融財政事情研究会・2008年）
『現場の悩みをズバリ解決！　営業店の相続実務Q&A』上原　敬　著（経済法令研究会・2011年）
『判例・約款付　金融取引小六法2013年版』神田秀樹　編集代表（経済法令研究会・2012年）
『戸籍のことならこの1冊（はじめの一歩）〔改訂2版〕』石原豊昭／國部徹／飯野たから　共著（自由国民社・2011年）
『成年後見のことならこの1冊（はじめの一歩）〔第2版〕』堀川末子／石黒清子　監修　林原菜穂子／兼川真紀／小林ゆか　著（自由国民社・2010年）
『こうして使おう　新成年後見制度〔第2版〕』額田洋一　著（税務経理協会・2006年）

あとがき

　今回思いもかけず本書を発刊することができました。私はあくまでも現場の人間ですので、たとえば、認知症等の顧客に対してはどのような対応を行うべきか等については長い経験上から判断してきました。そのような場合は、これは民法何条に規定されているからそれに沿った対応を行うべきだ等は考えたこともありません。

　しかし、現場の人間として、実務を実際に行う現場サイドに立って書かれた参考書があればよいなという思いは常にもっていました。

　このため、丸一年間をかけて六法全書、関係する参考書、その他の参考資料等を一生懸命学ぶとともに碩学の皆様のご協力をいただき、なんとかかたちを整えることができました。この参考書が少しでも金融機関の職員の皆様のお役に立てれば幸いです。

　平成26年3月

栗嶋　昭好

〈第1章監修者略歴〉

古笛恵子（こぶえ　けいこ）

弁護士（東京弁護士会所属）

中央大学法学部卒業

主著等　　『事例解説　介護事故における注意義務と責任』『事例解説　保育事故における注意義務と責任』（以上編著・新日本法規出版）『成年後見と高次脳機能障害者支援』（新井誠ほか編『成年後見法制の展望』・日本評論社）
取扱分野　損害賠償法・保険法
事務所　　コブエ法律事務所
　　　　　〒160－0023　東京都新宿区西新宿8－14－19　西新宿テーミスコート2・3階
　　　　　電話　03－3369－5801

【著　書】『いざという時に困らないシニア法律相談―介護・後見人・相続・贈与―』（共書・きんざい・2012年10月）

〈著者略歴〉

栗嶋昭好（くりしま　あきよし）

昭和18年3月	埼玉県小川町生まれ
昭和41年3月	高崎経済大学経済学部卒業
昭和41年4月	横浜信用金庫入庫　支店勤務、検査部、日野支店次長を経て
平成元年	事務管理部（検査、事務管理をあわせて22年間従事）
平成9年	主任調査役
平成4年～14年	全国信用金庫協会鎌ヶ谷研修所の初級管理者講座のうち「営業店事務リスク対応」講師
平成15年	定年退職　以後派遣職員として平成20年3月まで引き続き事務管理を担当
平成20年4月	独立、以後、執筆、講演・講習会講師、全信協通信教育（初級職員、預金、為替・手形交換講座）のアシスト等の活動中

【著　書】『金融機関役席者のための業務別不祥事未然防止対策』（きんざい・2012年5月）

金融機関役席者のための高齢者応対
相続・事務手続の基本

平成26年4月30日　第1刷発行

著　者　栗嶋　昭好
発行者　加藤　一浩
印刷所　図書印刷株式会社

〒160-8520　東京都新宿区南元町19
発行所・販売　株式会社 きんざい
　編 集 部　TEL 03（3355）1770　FAX 03（3355）1776
　販売受付　TEL 03（3358）2891　FAX 03（3358）0037
　　　　　　URL http://www.kinzai.jp/

・本書の内容の一部あるいは全部を無断で複写・複製・転訳載すること、および磁気または光記録媒体、コンピュータネットワーク上等へ入力することは、法律で認められた場合を除き、著作者および出版社の権利の侵害となります。
・落丁・乱丁本はお取替えいたします。定価はカバーに表示してあります。

ISBN978-4-322-12366-1